Wilson Baptista

CANCIONEIRO COMENTADO

Perfil biográfico

105 partituras

Nº Cat: 337-A

Irmãos Vitale S.A. Indústria e Comércio
www.vitale.com.br
Rua França Pinto, 42 Vila Mariana São Paulo SP
CEP: 04016-000 Tel.: 11 5081-9499 Fax: 11 5574-7388

Copyright 2013 by Irmãos Vitale S.A. Ind. e Com. - São Paulo - Brasil
Todos os direitos autorais reservados para todos os países. *All rights reserved.*

CIP-BRASIL. CATALOGAÇÃO-NA-FONTE
SINDICATO NACIONAL DOS EDITORES DE LIVROS, RJ

B337c

Batista, Wílson, 1913-1968
   Cancioneiro comentado : perfil biográfico 105 partituras / Wilson Baptista ; idealização, pesquisa, seleção de repertório e perfil biográfico Rodrigo Alzuguir. - São Paulo : Irmãos Vitale, 2013.
   132 p.

   ISBN 978-85-7407-383-5

   1. Batista, Wílson, 1913-1968. 2. Música popular - Brasil. I. Alzuguir, Rodrigo. II. Título.

13-1789.   CDD: 782.421630981
                  CDU: 78.067.26(81)

20.03.13 22.03.13   043612

Idealização, pesquisa,
seleção de repertório e perfil biográfico Rodrigo Alzuguir
Texto de apresentação Sérgio Cabral
Transcrição e editoração das partituras Ricardo Gilly
Revisão musical Nando Duarte, Rodrigo Alzuguir e Luís Barcelos
Revisão de texto Jacqueline Gutierrez e Heloísa Leite
Projeto gráfico e capa Cantina Cravatti [Rodrigo Alzuguir]
Coordenação de projeto e produção editorial DasDuas Cultural [Carol Miranda e Isabel Pinheiro]
Liberação de direitos e coordenação gráfica Irmãos Vitale
Caligrafia Wilson Baptista

Patrocínio

Realização

Índice

Apresentação, por Sérgio Cabral, p.5
Perfil biográfico, por Rodrigo Alzuguir, p.6

Cancioneiro:

A morena que eu gosto, p.21
A mulher do seu Oscar, p.22
A mulher que eu gosto, p.23
Acertei no milhar, p.24
Alberto bronqueou, p.26
Apaguei o nome dela, p.27
Artigo nacional, p.28
Balzaquiana (La balzacienne), p.29
Barulho no beco, p.30
Boa companheira, p.31
Boca de siri, p.32
Cabo Laurindo, p.33
Cadê a Jane?, p.34
Cala a boca Etelvina, p.35
Carta verde, p.36
Chico Brito, p.37
Chinelo velho, p.38
Cidade de São Sebastião, p.39
Comício em Mangueira, p.40
Como se faz uma cuíca, p.41
Conversa fiada, p.42
Cosme e Damião, p.43
Deixa de ser convencida, p.44
Depois da discussão, p.45
Desacato, p.46
Deus no céu e ela na terra, p.47
Diagnóstico, p.48
Doce de coco, p.49
Dolores Sierra, p.50
É mato, p.51
E o 56 não veio, p.52
E o juiz apitou, p.53
Emília, p.54
Essa mulher tem qualquer coisa na cabeça, p.55
Está maluca, p.56
Esta noite eu tive um sonho, p.57
Estás no meu caderno, p.58
Eu sou de Niterói, p.59
Eu tenho que fugir, p.60
Filomena, cadê o meu?, p.61
Fantoche, p.62
Flor da Lapa, p.64
Frankenstein, p.65
Ganha-se pouco, mas é divertido, p.66
Garota dos discos, p.67
Gênio mau, p.68
Goodbye, amor, p.69
Gosto mais do Salgueiro, p.70
Hildebrando, p.71
História da Lapa, p.72
História de criança, p.73
Inimigo do batente, p.74
Já sei, p.75
Lá vem Mangueira, p.76
Lá vem o Ipanema, p.77
Largo da Lapa, p.78
Lavei as mãos, p.79
Lealdade, p.80
Lenço no pescoço, p.81
Louco (Ela é seu mundo), p.82
Mãe solteira, p.83
Mariposa, p.84
Memórias de torcedor, p.85
Meu drama, p.86
Meu mundo é hoje, p.87
Meus vinte anos, p.88
Mocinho da Vila, p.90
Mulato calado, p.91
Mundo às avessas, p.92
Mundo de zinco, p.93
Na estrada da vida, p.94
Não é economia (Alô padeiro), p.96
Não sei dar adeus, p.97
Não sou Manoel, p.98
N-a-o-til (Não), p.99
Nasci cansado, p.100
Nega Luzia, p.101
Nelson Cavaquinho, p.102
No boteco do José, p.103
O bonde São Januário, p.104
O doutor quer falar com você, p.105
O pedreiro Waldemar, p.106
O princípio do fim, p.107
O tambor do Edgar (Venha manso), p.108
O teu riso tem, p.109
Oh, Dona Ignez, p.110
Oh, Seu Oscar, p.111
Papai, não vai, p.112
Pertinho do céu, p.113
Preconceito, p.114
Que malandro você é, p.115
Recado que a Maria mandou, p.116
Rosalina, p.117
Rei Chicão, p.118
Sabotagem no morro, p.120
Samba do Méier, p.121
Samba rubro negro, p.122
Sambei 24 horas, p.123
Se não fosse eu, p.124
Sereia de Copacabana, p.125
Sistema nervoso, p.126
Taberna, p.127
Transplante de coração, p.128
Você é meu xodó, p.130
Volta pra casa, Emília, p.131

Agradecimentos

Este livro não teria vindo à luz sem o empenho carinhoso de Carol Miranda e Isabel Pinheiro, da produtora DasDuas Cultural, a parceria de Fernando Vitale, da Editora Irmãos Vitale, e o espírito de equipe de Ricardo Gilly, Nando Duarte e Luís Barcelos.

Obrigado também a Roberto Gnattali, Claudia Ventura, Levi Chaves, Geórgia Câmara, Naife Simões, Joana Adnet (pelas ótimas dicas), Edu Neves, Luís Filipe de Lima, João Callado, Maria Creusa Meza, Alfredo Del-Penho, Délia Fischer, Cristina Buarque ("Panha" querida), Gisela de Castro e Julio Augusto Zucca (por terem se apaixonado pelo Wilson lá no início), Luiza Carino, Eduardo Rios, Eduardo Manoel de Lemos Rios, Robson Camilo (Secretaria Municipal de Cultura), Diana De Rose, Sérgio Cabral, Jairo Severiano, Luís Fernando Vieira, Paulo Cesar de Andrade (em memória), Carlos Didier, Ruy Castro, Hermínio Bello de Carvalho, Rodrigo Faour, Renata Valle Alzuguir (pelo "tapa" final na diagramação dos textos), Ciel Alcântara (pela vetorização da caligrafia de Wilson Baptista), Ronald Alzuguir, Izaura Alzuguir, Manu Valle, Pedro Paulo Malta, Conceição Campos, Fabiano Artiles, Simone Pedro, Marluze de Souza, Yolanda Eva de Oliveira, Victor Hugo de Oliveira, Grazielle de Oliveira, Vílson Baptista de Oliveira (em memória), Marilza de Oliveira (em memória), Cristina Costa (ADDAF), Hélder Galvão (Cândido de Oliveira Advogados), Fred Fernandes, Paulo Cezar e Elínia Fernandes (LA Contab), Rodrigo Brayner, Ítalo Simão, Juliana Aragão, Almir Chediak (em memória), Ana Maria Miranda Coêlho Rios (em memória), Bruno Ferreira Gomes (em memória), Fernando Krieger e Bia Paes Leme (Instituto Moreira Salles) e Anna Paes e Luiz Antônio de Almeida (Museu da Imagem e do Som).

Um agradecimento especial à Secretaria Municipal de Cultura - Prefeitura da Cidade do Rio de Janeiro, que, através do FAM, viabilizou a realização desse trabalho.

Obrigado, sobretudo, a **Wilson Baptista de Oliveira** *(1913-1968) pelo imenso legado deixado para todos nós!*

Um grande brasileiro

[por Sérgio Cabral]

Há mais de meio século não paro de pesquisar a história de nossa música popular. Tanto tempo e tanta pesquisa, porém, nunca me autorizaram, felizmente, a ser tomado por uma autossuficiência que me levasse a imaginar-me um mestre no assunto. Continuo a ser um aprendiz e se, por acaso, tivesse alguma dúvida sobre isso, ela acabaria no momento em que conhecesse o trabalho realizado por Rodrigo sobre a vida e a obra de Wilson Baptista. Nesse tema, sou um modesto aluno do mestre Alzuguir, com quem aprendo muito e pretendo aprender muito mais.

Felizmente, ele não para de ensinar-me e de oferecer a todos os meios de nos deixar convencidos de que Wilson Baptista é um dos maiores nomes da história de nossa música. Aqui estão muitas dezenas de partituras, numa seleção digna de um catedrático. É mais uma bela oportunidade que Rodrigo concede a todos de conhecer melhor o compositor. A mim, particularmente, ele proporciona a chance de corrigir uma falha em meu trabalho, que foi a de ter conversado com Wilson e não extrair dele o que poderia fornecer-me. Lembro-me de ter falado somente sobre a polêmica com Noel Rosa, um assunto que, aparentemente, não lhe causava muito entusiasmo, tanto que a única coisa que me disse foi que, naquele tempo, ele era muito novo e que, se fosse mais velho, provavelmente, a polêmica não existiria.

Faltou-me, na época, um Rodrigo Alzuguir para que eu tivesse consciência da importância de Wilson Baptista e dar a ele o tratamento devido aos grandes brasileiros. Quem percorrer as partituras aqui publicadas verá que esse compositor, responsável por tantos espetáculos e tantos discos que Rodrigo tem oferecido, vai além da música popular. É um desses personagens que nos fazem conscientes de que o fato de produzir um Wilson Baptista nos leva a gostar ainda mais do Brasil.

O SAMBA FOI SUA GLÓRIA!

100 anos de Wilson Baptista
[por Rodrigo Alzuguir]

"**ETELVINA!**/ *Acertei no milhar/ Ganhei 500 contos/ Não vou mais trabalhar...*" ("**Acertei no milhar**"). "*Louco/ Pelas ruas ele andava/ O coitado chorava/ Transformou-se até num vagabundo...*" ("**Louco [Ela é seu mundo]**"). "*Eu sou assim/ Quem quiser gostar de mim, eu sou assim/ Meu mundo é hoje/ Não existe amanhã pra mim...*" ("**Meu mundo é hoje**"). "*Eu nasci/ Num clima quente/ Você diz a toda gente/ Que eu sou moreno demais...*" ("**Preconceito**"). "*Flamengo joga amanhã, eu vou pra lá/ Vai haver mais um baile no Maracanã...*" ("**Samba rubro negro**"). "*Aquele mundo de zinco que é Mangueira/ Desperta com o apito do trem...*" ("**Mundo de zinco**"). E ainda: "**Oh, Seu Oscar**", "**Emília**", "**Mãe solteira**", "**O Bonde São Januário**", "**O pedreiro Waldemar**", "**Balzaquiana**", "**Chico Brito**", "**Mulato calado**", "**Nega Luzia**"...

Quem compôs todas essas músicas? Se você chegou até aqui, já sabe a resposta correta: "Wilson Baptista", um gênio da música popular brasileira que arrasou quarteirões nas décadas de 1940 e 1950 fornecendo pepitas musicais para todos os cantores relevantes de sua geração. De Carmen Miranda a Aracy de Almeida, de Sylvio Caldas a Cyro Monteiro, de Mario Reis a Francisco Alves, de Orlando Silva a Roberto Silva, de Linda Baptista a Dyrcinha Baptista, de Jorge Veiga a Roberto Silva.

Em 2013, se vivo fosse, Wilson comemoraria 100 anos de idade. Sua primeira morte, a física, ocorreu dias depois de seu aniversário de 55 anos. A segunda, o esquecimento, muito mais cruel, dura até hoje.

Coração imenso

É preciso estar no lugar certo na hora certa, dizem. Wilson, além de preferir os lugares errados em horas incertas, não teve o menor senso de oportunidade na hora de partir: morreu na entressafra. Não deixou um gostinho-de-quero-mais, como o apressado Noel Rosa, que se foi no auge e virou mito. Nem viveu por mais uma década, a tempo de aproveitar as benesses da revalorização do samba nos anos 1960-1970, como o fizeram Adoniran Barbosa, Cartola, Ismael Silva e Nelson Cavaquinho (esse último, aliás, recebeu "flores em vida" do próprio Wilson, na forma de uma bela marcha-rancho, "**Nelson Cavaquinho**", inédita até 2011).

Wilson era intenso, desregrado e hedonista. Literalmente, uma bomba-relógio. Possuía uma doença cardíaca popularmente conhecida como "coração-de-boi" (cardiomiopatia dilatada) e morreu, quase anônimo, em 1968. Todos deviam estar tão preocupados em derrubar o regime militar que nem foram se despedir dele, nem cuidar que fosse enterrado de forma decente, com as homenagens merecidas pelos grandes. Seu caixão era tão vergonhoso que amigos "rodaram a baiana" para que a sociedade de autores (da qual ele era fundador) o trocasse por um melhor. No mais, foi um velório típico de sambista. Aconteceu numa capela colada a uma gafieira – o célebre Elite Clube – e teve como carpideiras, além da viúva e da filha, várias ex-namoradas, uma delas com um bebê no colo, que dizia ser filho de... bem, você sabe.

Se não tivesse abandonado o barco em tão má hora, Wilson, dali a uns cinco anos, teria participado de shows no Teatro Opinião, gravado LPs emblemáticos pelo selo Marcus Pereira, posado para as lentes do fotógrafo Walter Firmo, participado de especiais de televisão, enfim, recuperado algum prestígio na terceira idade. Sua obra, de quase seiscentos títulos (um recorde), repleta de sucessos, o credenciava para voos até mais altos. No entanto, ele não teve essa felicidade.

Wilson comeu o pão que o diabo amassou – tal como os mencionados colegas – mas desistiu cedo demais.

Pior de tudo, lutou a vida inteira contra um poderoso inimigo: ele mesmo.

Um campista no Rio

Desde que chegou ao Rio de Janeiro ainda menino, num trem cargueiro, fugido da cidade fluminense de Campos dos Goytacazes com a roupa do corpo e o sonho de ser sapateador no teatro de revistas, Wilson Baptista jamais se deu ao desfrute de se preocupar em construir um nome ou uma obra. Tinha a urgência da fome, de não ter onde dormir na noite seguinte. Um de seus primeiros sambas gravados é a trilha sonora perfeita para essa fase de vacas macérrimas: "*Querem me botar na rua/ Vejam só que pouca sorte/ Pois eu tenho confiança/ No meu santo que é bem forte/ Como eu não tenho dinheiro/ Não existe quem me trague/ Pros credores vou dizendo/ Passe bem, que Deus lhe pague*" ("**Barulho no beco**").

Inteligente e persuasivo, Wilson logo se enturmaria com a fauna do centro carioca dos fins da década de 1920: malandros, punguistas, vendedores ambulantes (chegou a prestar serviços a um deles, lavando panelas numa barraquinha de angu), "mariposas", gente do teatro musicado, do rádio, do disco. À boca miúda, diziam que foi menino de recados para, segundo um benevolente compositor da época, os "travessos" Francisco e Gabriel Meira, os conhecidos irmãos Meira, atravessadores de drogas cujo "esporte" favorito era destilar elixir paregórico para obtenção de ópio, o qual vendiam para a classe artística, às vezes em troca de favores sexuais.

Vem desse tempo o fascínio de Wilson pelos malandros – espécie de herdeiros da capoeiragem de fins do século XIX filtrados pelo *lunfardo* portenho e pelos filmes de gângster norte-americanos das décadas de 1920 e 1930 –, que ainda davam seus rabos de arraia com considerável liberdade pelo Rio de Janeiro. Em suas andanças pela região do Mangue, Lapa, Estácio, Cidade Nova, Saúde, Praça Tiradentes, Wilson conviveu com alguns deles – Meia-noite, Miguelzinho, Edgard, Sete Coroas –, não se sabe em que nível de camaradagem. E foi além. Homenageou-os em sambas, como "**História de criança**" e "**História da Lapa**" ("*Lapa dos capoeiras/ Miguelzinho, Camisa Preta/ Meia-noite, Edgard/ Lapa/ Minha Lapa boêmia/ A lua só vai pra casa/ Depois do sol raiar...*").

Por falar no "Bairro das Quatro Letras", Wilson fez um dos sambas mais lindos em tributo ao bairro: "*Foi na Lapa que eu nasci/ Foi na Lapa que eu aprendi a ler/ Foi na Lapa que eu cresci/ E na Lapa eu quero morrer/ (...)/ Um samba/ Um sorriso de mulher/ Bate-papo de café/ Eis aí a Lapa*" ("**Largo da Lapa**").

E também cantou o Rio: "*Cidade onde o sol é mais quente/ E a alma da gente é mais quente também/ Tu tens a sublime beleza/ Que as outras cidades não têm/ Se eu fosse poeta, eu cantava os encantos teus/ Não há cidade mais bela/ Suave aquarela/ Pintada por Deus*" ("**Cidade de São Sebastião**").

Quando descobriu que poderia descolar um trocado compondo, mais que sapateando, Wilson foi fundo. Compor para ele era muito fácil. Bastava uma tese na cabeça e uma caixa de fósforos nas mãos, para marcar o ritmo. Mas a indústria cultural ainda engatinhava, sem pressa de acolher aquele mulatinho magrela e esfomeado.

Mais imediato era vender o samba – prática que ele levou para o resto da vida. O comprador pagava no ato, ele recebia o dinheiro e não esquentava a cabeça. A transação o eximia de toda responsabilidade: a busca pelo intérprete, a caituitagem (divulgação), a assinatura de contratos com editora e gravadora, e o controle do pinga-pinga do ínfimo direito autoral. (Estima-se que boa parte de sua produção esteja oculta sob outros nomes.)

Em 1932, Wilson conseguiu finalmente a sua primeira gravação: "Por favor, vai embora", samba em parceria com Oswaldo Silva e Benedicto

*Capas das partituras de dois dos primeiros sucessos de Wilson Baptista como compositor: os sambas "Desacato", apresentado no Programa Casé, e "Lenço no pescoço", assinado por Mario Santoro, gravado por **Sylvio Caldas** (abaixo) e respondido por Noel Rosa. Na página anterior, vista da Lapa nos anos 1930.*

Lacerda, lançado em disco pelo veterano Patrício Teixeira. No ano seguinte, Luiz Barbosa, um cantor que se apresentava tamborilando um chapéu de palha, "dividia" como ninguém e tinha sempre um sorriso na voz, gravou o samba "**Na estrada da vida**", assinado por Wilson sem parceiros.

Mais um ano se passou e Wilson emplacou um relativo sucesso, o samba "**Desacato**", lançado ao vivo no badalado *Programa Casé* da Rádio Philips e gravado em seguida por um inusitado trio de cantores: Castro Barbosa, Murillo Caldas (coautor do samba) e Francisco Alves (o maior cartaz da música popular brasileira de então). Uma conquista e tanto.

Polêmica!

Mesmo frequentando patotas diferentes, Wilson Baptista e Noel Rosa (que o Rio aprendera a amar desde o lançamento de "Com que roupa?", alguns anos antes) já se conheciam vagamente do teatro musicado da Praça Tiradentes e das noites boêmias da Lapa. Seus caminhos se cruzariam com maior intensidade a partir daquele 1933, ano em que o cantor Sylvio Caldas armou um "auê" gravando o ousado "**Lenço no pescoço**", samba de Wilson (publicado inicialmente sob o nome de Mario Santoro) que retratava um malandro orgulhoso "em ser tão vadio": *"Meu chapéu do lado/ Tamanco arrastando/ Lenço no pescoço/ Navalha no bolso/ Eu passo gingando/ Provoco e desafio..."*

"Em nome da moralidade e do respeito às autoridades constituídas", "Lenço no pescoço" foi vetado pela comissão de censura da recém-fundada CBRD, a Confederação Brasileira de Radiodifusão, integrada por empresários das principais rádios do país.

Muito embora por outros motivos, quem também estrilou contra o samba foi Noel Rosa. *Cherchez la femme*: em 1934, Noel e Wilson andaram assediando uma dançarina do Dancing-Cabaret Apollo, e ela preferiu o mulatinho de Campos. Na tentativa de "baixar a crista" do rival nos carinhos da morena, Noel compôs o samba "Rapaz folgado", em que detonava a empáfia do malandro de "Lenço no pescoço": *"E tira do pescoço o lenço branco/ Compra sapato e gravata/ Joga fora essa navalha/ Que te atrapalha..."*

Quando ouviu "Rapaz folgado", cantarolado por amigos nas rodas boêmias, Wilson resolveu dar o troco. E o fez com "**Mocinho da Vila**", onde aconselhava Noel a cuidar de seu microfone e deixar quem era malandro em paz. No breque final do samba, orgulhava-se: *"modéstia à parte, eu sou rapaz"* (folgado?). Na lírica "Feitiço da Vila" (*"Quem nasce lá na Vila/ Nem sequer vacila/ Ao abraçar o samba..."*), feita em parceria com Vadico e gravada no ano seguinte por João Petra de Barros, Noel parece redimensionar o orgulho de Wilson – *"modéstia à parte, eu sou da Vila"* (Isabel), diz ele. Coincidência?

O fato é que Wilson voltou à carga com "**Conversa fiada**", questionando cada imagem de superioridade do bairro contida no samba de Vadico e Noel.

Noel Rosa em foto dedicada ao primo Jacy Pacheco e esposa, de Campos dos Goytacazes (também cidade natal de Wilson). Em maio de 1936, a "Polêmica" já tinha chegado ao fim (com direito à parceria "Deixa de ser convencida") e Wilson fazia sucesso em Buenos Aires com a orquestra baiana Os Almirantes Jonas.

Oficialmente, considera-se o clássico "Palpite infeliz" (*"Quem é você que não sabe o que diz?..."*) uma resposta de Noel ao "**Conversa fiada**" de Wilson – e tudo leva a crer que tenha sido mesmo, apesar da veemência com que compositores do Salgueiro reivindicaram o samba, ao longo dos anos, como um pito destinado ao sambista Antenor Gargalhada, que também andou às turras com Noel. Infelizmente, o Poeta da Vila não deixou declarações a respeito.

Alvo ou não de "Palpite infeliz", Wilson virou motivo de chacota entre as xicrinhas do Café Nice – ponto de encontro de compositores, na Avenida Rio Branco, 168-170, no centro da cidade do Rio de Janeiro. Colegas zombeteiros como Germano Augusto e Kid Pepe atiçavam os ânimos, afirmando que Noel preparava uma série de sambas arrasadores contra ele. O sucesso de "Palpite infeliz" no carnaval seguinte (1936) tornou a situação ainda mais humilhante para Wilson.

Na expectativa de ser novamente espinafrado, Wilson encheu gavetas com sambas de deboche a Noel. Vieram "**Frankenstein**", em que deliciosamente rimou "Frankenstein" com "um certo alguém" e aplicou um golpe baixo em Noel mexendo com sua aparência, e "Terra de cego". Ambos foram cantados em rádio, mas não chegaram a ser gravados.

Noel resolveu mudar o ditado: mesmo podendo com o "inimigo", juntou-se a ele. Encontrando Wilson por acaso num café no centro da cidade, tomou a iniciativa de fazê-lo seu parceiro – o que, para prejuízo de todos nós, aconteceu essa única vez. Da melodia de "Terra de cego", Noel criou uma nova letra, mudando o nome do samba de Wilson para "**Deixa de ser convencida**". *"Todos sabem qual é teu velho modo de vida"*, diz um trecho da parceria. O recado tinha destino certo: a tal morena do Dancing-Cabaret Apollo, página virada na vida de ambos.

Pouco mais se viram. Wilson e um amigo – Erasmo Silva – haviam formado a Dupla Verde e Amarelo e embarcaram ainda em 1936 para Buenos Aires, como cantores de uma orquestra baiana chamada Os Almirantes Jonas. Ficaram dois anos fora do Rio, emendando a temporada portenha com uma longa estada em São Paulo, onde atuaram como atrações fixas da Rádio Record e da Rádio Tupi, gravaram discos pela Columbia paulista (um deles com o buliçoso samba "**Já sei**") e de onde partiram em excursão pelo sul do país. Em 1937, quando soube da morte de Noel, Wilson (ainda ausente do Rio) fez um samba em homenagem ao colega, intitulado "Grinalda", que se perdeu.

"Eu sou assim…"

Wilson já era um sucesso no início dos anos 1940, com excursão internacional, dois anos de rádio em São Paulo, "duelo" musical com

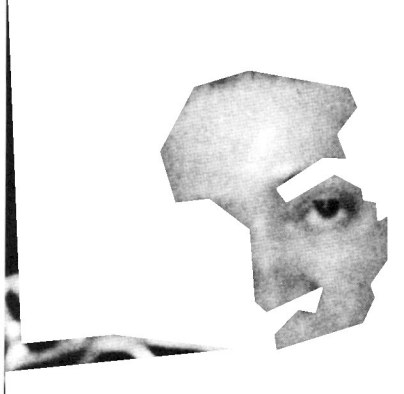

Wilson Baptista posa diante do microfone da PRF-9, a Rádio Difusora Porto-Alegrense, no segundo semestre de 1937, aos 24 anos. Entre agosto e setembro daquele ano, a Dupla Verde e Amarelo, formada por ele e Erasmo Silva, atuou em diversas cidades do sul do país.

Noel Rosa e vários sucessos na bagagem. São dessa fase quase todos os clássicos citados no início deste texto, além de "**A mulher que eu gosto**", "**Lá vem Mangueira**", "**Lealdade**" e "**Meus vinte anos**", cujos versos iniciais o jornalista e produtor Sérgio Porto amava: "*Nos olhos das mulheres/ No espelho do meu quarto/ É que eu vejo a minha idade...*"

Frequentando em pé de igualdade a mesa dos grandes no Café Nice, Wilson viveu ali a sua melhor fase profissional. Vestia o fino. Sapato do Motinha, sob encomenda. Terno de linho 120 inglês, feito por alfaiate de confiança. Bigode aparadinho. As ondas no cabelo, sua marca registrada, feitas à base de vaselina. Quem o via, sestroso, "trocando uma ideia" com o cinematográfico Custódio Mesquita (que achava impressionantes os caminhos melódicos que Wilson criava intuitivamente, sem tocar nenhum instrumento), não imaginava que, por baixo de todo aquele verniz, ainda era o mesmo.

Dorival Caymmi, recém-chegado da Bahia, ainda um garoto tímido no meio daqueles ases da música, lembrava-se de Wilson divertindo-se com uma turminha do Nice que volta e meia ia "fazer a Carioca" – o que não consistia em dar entrevista para a revista de mesmo nome, famosa na época, mas punguear desavisados naquela rua, por pura recreação.

Floripes, Marina, Jane, Dolores

Em meados da década de 1940, num baile de carnaval no clube Filhos de Talma, no bairro da Saúde, Wilson conheceu sua futura esposa Marina (fantasiada de Princesa das Czardas). Não foi fácil conquistá-la: a mãe da moça não aprovava o namoro da filha com um "artista de rádio". Mas como Marina poderia resistir a declarações de amor que

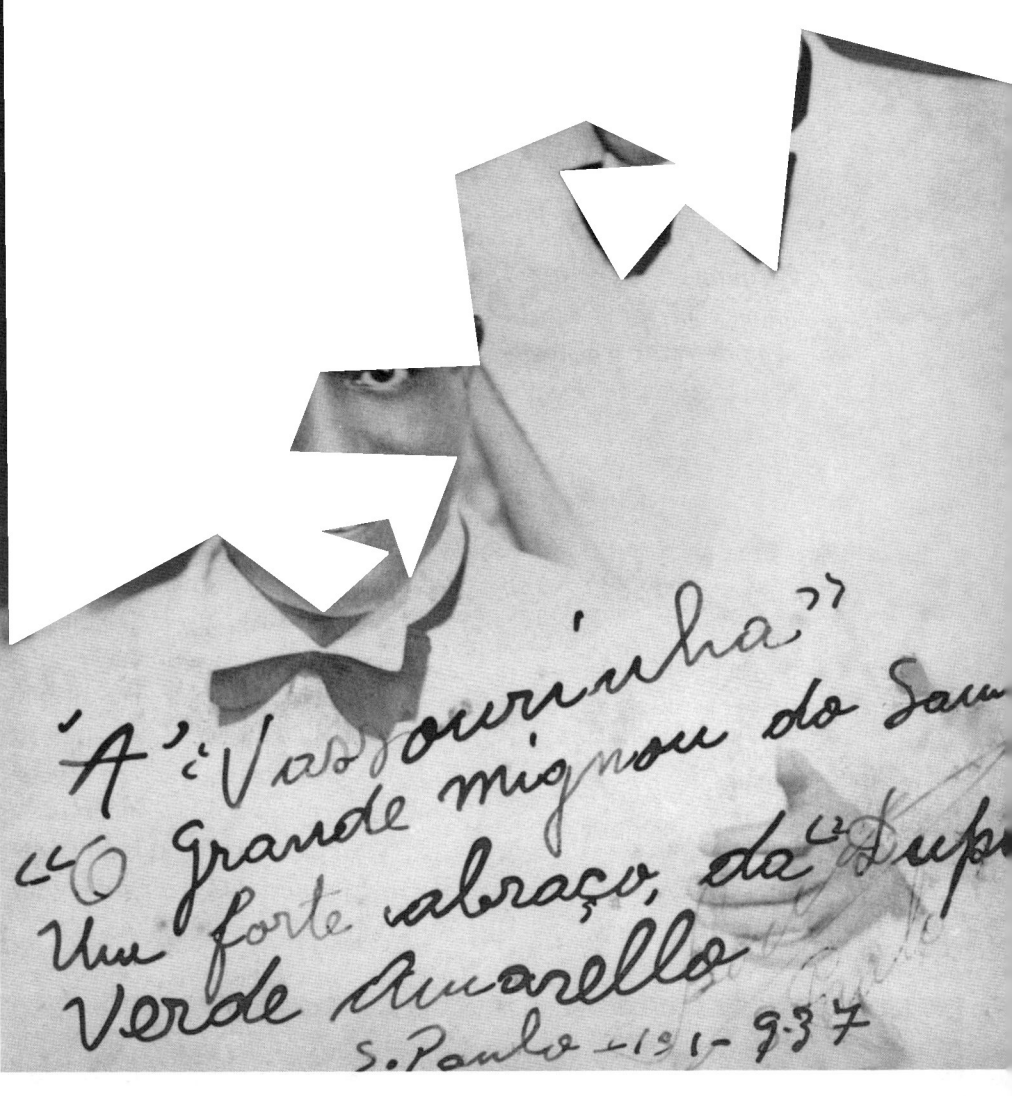

*Erasmo Silva e Wilson Baptista, a **Dupla Verde e Amarelo**, em foto dedicada ao cantor paulista Vassourinha, "O Grande Mignon do Samba". Em janeiro de 1937, a dupla vocal integrava o cast da Rádio Record, "A Voz de São Paulo", onde se apresentava duas vezes por semana.*

vinham em forma de músicas como "**A morena que eu gosto**"? Como não o aceitar de volta, depois de uma briga, quando o pedido de desculpas vinha acompanhado de um disco com a gravação de "**E o 56 não veio**", um samba originado de uma história acontecida entre eles?

A própria Marina conta o episódio: "De manhã cedo era o seguinte: eu viajava no 56, que era o bonde Alegria. E ele (Wilson), às 7h30 da manhã, me esperava todo o dia no ponto. Mas, quando a gente brigava, eu ia pro 58, que era o São Luiz Durão. Aí ele ficava toda a vida me esperando e eu não aparecia."

"Fui ao chefe da Light/ Perguntei ao inspetor/ O que houve com o 56?/ Esse bonde sempre trouxe o meu amor/ Será que ela não veio porque se zangou?/ Ou o bonde Alegria descarrilhou?" – perguntava o samba. Mais autobiográfico impossível. Aliás, como boa parte da obra de Wilson.

Marina já estava casada com Wilson e ilhada em Paquetá (onde foram morar) quando descobriu que o marido atuava em "dupla jornada", vivendo no Rio com uma antiga companheira, Floripes, uma ex-dançarina de cabaré e *girl* de teatro musicado, com quem tivera o primeiro filho, Wilton.

Wilson, Floripes, o filho do casal, além do pai de Wilson, a madrasta, a meia-irmã e uma vira-latinha chamada Mocinha dividiam o primeiro andar de uma casa em Santa Teresa, bairro que ele amava e homenagearia em "**Pertinho do céu**", samba gravado por Déo (seu cantor mais recorrente): *"Eu moro no morro/ Que não tem batucada/ Não tem violão/ Mas tem rua bem calçada/ O clima é bom/ E o lugar é uma beleza/ Eu moro no Morro de Santa Teresa"*. (Wilson também festejaria outros bairros, como em "**Samba do Méier**".)

Sem saber da existência de Marina, a família pressionava Wilson a largar a música e arranjar um trabalho formal. A querida Irene Rosa, mulher de seu pai, vivia reclamando de seus hábitos: o enteado virava as noites na boemia, dormia de manhã, trabalhava à tarde (escrevendo letras de música num caderno, deitado de bruços no chão) e queria silêncio na casa nas horas mais esdrúxulas, além de exigir que ela descesse e subisse a escadaria que liga Santa Teresa à Lapa, hoje conhecida pelos azulejos de Jorge Selarón, só para comprar sua manteiga preferida, da marca Miramar. As lamúrias de Irene Rosa acabaram fornecendo material para a personagem vitimizada e ranzinza presente nos sambas "**Cala a boca Etelvina**", "**Gênio mau**",

*A turma do **Café Nice**, o "Quartel General do Samba", no traço do caricaturista e compositor Antônio Nássara (parceiro de Wilson em "Balzaquiana", "Mundo de zinco" e outras). Da esquerda para a direita: Orestes Barbosa, Christóvão de Alencar, Jorge Faraj, Alberto Ribeiro, Lamartine Babo, Ary Barroso, Wilson Baptista e Rubens Soares.*

"Inimigo do batente", "Papai, não vai", "Que malandro você é" e "Está maluca". Em contrapartida, Wilson, para a madrasta, era o próprio "**Hildebrando**" ("*sempre descansando...*"), cujo lema bem poderia ser "*Meu pai trabalhou tanto/ Que eu já nasci cansado*", refrão da cômica marchinha "**Nasci cansado**".

Depois de muitas idas e vindas, e de barcas que chegavam a Paquetá vazias de Wilson, Marina desistiu do casamento, juntou seus trapinhos e partiu. No colo, levava o segundo rebento do compositor, uma menina chamada Marilza.

Wilson passaria a vida transformando paixões amorosas em sambas. Alguns, alegres, como "**Cadê a Jane?**", feito para o grande amor de sua vida, uma dançarina oxigenada de *taxi-dancing* (cujo "nome de guerra" era Jane) que acabou se suicidando. Outros, melodramáticos, como "**Dolores Sierra**", inspirado numa prostituta que conheceu em Barcelona, em meados da década de 1950, numa viagem pela Europa bancada pela arrecadação dos arrasa-quarteirões carnavalescos "**Balzaquiana**" (que virou "**La balzacienne**" numa versão em francês), "**Mundo de zinco**" e "**Sereia de Copacabana**", os três em parceria com Nássara e gravados por Jorge Goulart.

Muitas dessas músicas, no entanto, não tinham um alvo certo. Eram piscadelas de olho brejeiras e universais à figura feminina – entre elas, "**Boa companheira**", "**Deus no céu e ela na terra**", "**Doce de coco**", "**Filomena, cadê o meu?**", "**Garota dos discos**", "**Lá vem o Ipanema**", "**O teu riso tem**", "**Rosalina**", "**Você é o meu xodó**" e "**Volta pra casa, Emília**".

Entretanto, nem tudo eram flores. Wilson também sofreu por amor. Desconfiou de companheiras ("**Essa mulher tem qualquer coisa na cabeça**"), reconheceu sua

*Ao lado, **Wilson Baptista**, em fins da década de 1940, em foto para a capa da Revista do Rádio. Abaixo, o cantor **Déo** (nome artístico do carioca filho de libaneses Ferjalla Rizkallah), que cantava tangos em São Paulo até se converter à música brasileira. De volta ao Rio nos anos 1940, seria conhecido como "O Ditador de Sucessos", pelo bom gosto na escolha de repertório. Déo foi o cantor que mais gravou músicas de Wilson.*

própria fragilidade ("**Não sei dar adeus**", "**Meu drama**"), anteviu separações ("**O princípio do fim**"), rogou pragas ("**Estás no meu caderno**"), deu voltas por cima ("**Apaguei o nome dela**"), tripudiou das ex ("**Lavei as mãos**"), achou-se um cretino ("**Fantoche**") e desesperou-se ("**Sistema nervoso**") – mas não muito. Temperou isso tudo com uma leveza e um "deixe a vida levar" tipicamente cariocas.

A voz da mulher

Aos que julgam machistas alguns sambas de Wilson (como o gaiato e pidão "Emília"), uma revelação: o compositor campista foi um dos pioneiros no uso da primeira pessoa feminina, décadas antes de Chico Buarque. Em sua obra, a mulher ganhou voz não somente para reclamar do marido malandro – um cacoete dos sambas da época –, mas para cumprir traquinagens que deixariam Leila Diniz orgulhosa. Tais como anunciar em alto e bom som que vai *fazer miséria* no carnaval ("**Alberto bronqueou**"), descrever a farra em detalhes e pedir o silêncio das testemunhas ("**Boca de siri**"), constatar que furou a sandália de tanto sambar ("**Sambei 24 horas**"), se defender de fofocas ("**A mulher do Seu Oscar**"), declarar a paixão por um mulato ("**É mato**"), divagar sobre a traição do namorado ("**Carta verde**"), driblar uma cantada ("**Eu sou de Niterói**"), reconhecer que está perdendo o juízo por um homem ("**Eu tenho que fugir**"), optar pelo samba em detrimento de um amor careta ("**Gosto mais do Salgueiro**"), constatar o fim de uma relação ("**Goodbye, amor**", "**Depois da discussão**") e, por fim, se consolar na certeza insubmissa de que *"Há sempre um coração vazio/ Pra um novo amor abrigar/ Há sempre um chinelo velho/ Pra um pé doente calçar"* ("**Chinelo velho**"). Machista?

Quem ainda não se convenceu, ouça o samba "**Lealdade**". Nele, um homem propõe a uma mulher viverem uma relação em que a verdadeira lealdade é estarem juntos por amor – mas só enquanto ele for recíproco. Isso em plenos anos 1940. Diz a letra: *"Serei, serei leal contigo/ Quando eu cansar dos teus beijos, te digo/ E tu também liberdade terás/ Pra quando quiseres/ Bater a porta/ Sem olhar para trás"*.

Se ainda assim restar alguma dúvida, divirta-se com a inversão de papéis configurada na marchinha "**Mundo às avessas**": *"A mulher dele arranjou/ Emprego de trocador/ Sai às oito, chega em casa às dezessete/ Ele é quem faz o arroz/ Ele é quem faz o feijão/ A mulher é que comanda o pelotão"*.

Personagens

Outra predileção de Wilson era inventar personagens. Levava isso às últimas consequências. Alguns de seus sambas são cenas completas, quase minioperetas, contendo diálogos, à-partes e narrações, como "**Cosme e Damião**" (uma batida policial sendo executada por dois "meganhas" incorruptíveis, tendo como cenário a Praça Paris), "**Diagnóstico**" (um médico explicando ao paciente detalhes de uma doença incurável detectada num exame de raio X) e "**O doutor quer falar com você**" (sujeito tentando convencer um amigo a deixar de ser malandro).

De todos os "sambas de personagem", "**Oh, Seu Oscar**" (que, aliás, venceu "Aquarela do Brasil" no concurso Noite da Música Popular de 1940) é o melhor exemplo. Já no primeiro verso somos apresentados não a um, mas a três personagens: Oscar, a vizinha e a esposa (na "primeira pessoa" de um bilhete). Diz o samba – aqui rearrumado como um roteiro de cinema:

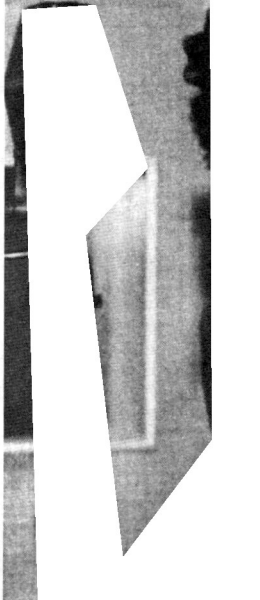

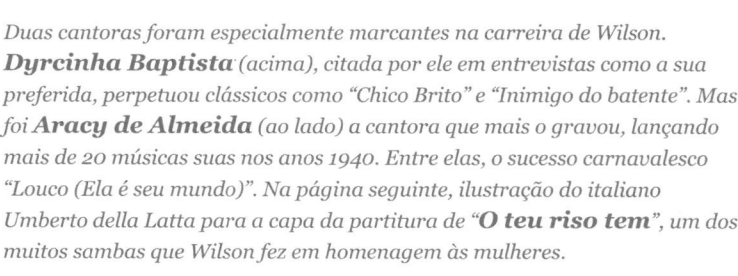

*Duas cantoras foram especialmente marcantes na carreira de Wilson. **Dyrcinha Baptista** (acima), citada por ele em entrevistas como a sua preferida, perpetuou clássicos como "Chico Brito" e "Inimigo do batente". Mas foi **Aracy de Almeida** (ao lado) a cantora que mais o gravou, lançando mais de 20 músicas suas nos anos 1940. Entre elas, o sucesso carnavalesco "Louco (Ela é seu mundo)". Na página seguinte, ilustração do italiano Umberto della Latta para a capa da partitura de "**O teu riso tem**", um dos muitos sambas que Wilson fez em homenagem às mulheres.*

"OSCAR:
– Cheguei cansado do trabalho, logo a vizinha me falou...

VIZINHA:
– Oh, Seu Oscar! Tá fazendo meia-hora que a sua mulher foi embora. E um bilhete deixou...

OSCAR:
– O bilhete assim dizia...

ESPOSA (bilhete):
– Não posso mais, eu quero é viver na orgia!"

Como já foi dito, a esposa fujona teve seu direito de resposta, protagonizando "**A mulher do Seu Oscar**", samba que "entrou em cartaz" no ano seguinte. Nele, a esfogueada mulher se explicava:

"*– Onde eu dizia "vou-me embora pra orgia", era pro samba, sem segunda intenção. Orgia de luz, de riso e alegria, minha gente! Parei! Fui condenada injustamente!*"

Entre todos os personagens, Wilson tinha predileção por Laurindo. Orgulhava-se de ter sido o compositor que mais fez músicas sobre o fictício tocador de cuíca da Mangueira criado por Noel Rosa no samba "Triste cuíca". Se Herivelto Martins ampliou o alcance de Laurindo, fazendo dele um bamba dos carnavais da Praça Onze, Wilson levou-o ainda mais longe. Em sua série de sambas sobre o personagem, fez Laurindo lutar contra os nazistas na 2ª Guerra Mundial ("**Lá vem Mangueira**") e voltar para o Brasil "coberto de glória, trazendo garboso no peito a cruz da vitória" ("**Cabo Laurindo**"). Depois, retratou-o num comício no morro, com direito a missa campal e bandeira a meio pau, negando a condição de herói: "*Heróis são aqueles/ Que

tombaram por nós*" ("**Comício em Mangueira**").

Wilson se dizia apolítico, mas há quem veja fumaças de comunismo no "camarada Laurindo" – e também na (aparentemente?) inócua marchinha de carnaval "**O pedreiro Waldemar**": "*Leva a marmita embrulhada no jornal/ Se tem almoço, nem sempre tem jantar/ O Waldemar/ Que é mestre no ofício/ Constrói o edifício/ E depois não pode entrar*".

Wilson também ambientou outros "sambas de personagem" no morro. Alguns, espirituosos, como "**Ganha-se pouco, mas é divertido**", "**Nega Luzia**", "**Sabotagem no morro**" e "**O tambor do Edgar (Venha manso)**". Outros, épicos, como "**Chico Brito**" (sobre um malandro-filósofo que "fuma uma erva do norte") e "**Rei Chicão**" (cuja letra, sombria, já expõe a criação do poder paralelo nas favelas cariocas).

Maroto, Wilson transformou até piada de português em marchinha: "*O telefone tocou pro Manoel/ E o Manoel saiu armado/ E foi pra Niterói/ Mas na viagem ele refletiu:/ Na consciência nada me dói/ Não sou Manoel, não sou casado, eu sou Joaquim/ O que é que eu vou fazer em Niterói?*" ("**Não sou Manoel**").

E o malandro de "**Esta noite eu tive um sonho**"? Ele come salsicha antes de dormir, sofre uma indigestão e sonha que está em Berlim discutindo, em alemão, com o dono de um botequim! Ha ha ha!

O mais querido

Desde que chegou ao Rio, Wilson encantou-se pelo time do Flamengo. Era "daqueles flamenguistas que assistem, inclusive, aos treinos" – disse o jogador Zizinho, ídolo do clube nos anos 1940. "E que, pela amizade que tinha com todos os jogadores, principalmente comigo, quando ele chegava o Flávio (Costa, técnico) começava a comer as unhas, porque sabia que nós íamos sair dali para uma noitada. Uma noitada calma, de bate-papo sobre música e futebol... Wilson era um cara genial."

Entre o final dos anos 1920, quando fugiu de Campos para o Rio, e 1968, ano em que pendurou as chuteiras da vida, não foram poucas as vezes em que Wilson torceu "até ficar rouco" e regressou do futebol "todo queimado de sol". Mas valeu a pena. Testemunhou vitórias históricas de seu time, com destaque para os campeonatos cariocas de 1939, 1942, 1943, 1944, 1953, 1954, 1955, 1963 e 1965 e o Torneio Rio–São Paulo de 1961.

Como tudo virava samba em suas mãos (e em suas caixinhas de fósforo), Wilson homenageou o seu adorado Mengo e os amigos jogadores numa dúzia de sambas sen-sa-ci-o-nais.

Em "**E o juiz apitou**", descreveu com graça uma "tabelinha" entre os atacantes do time: Nandinho passa a Zizinho, Zizinho serve a Pirilo, que prepara pra chutar. Breque. Aí, infelizmente, o juiz apita: é o fim do tempo regulamentar. Que azar! (O samba foi feito num bonde depois de uma derrota para o Botafogo.)

Os "áureos tempos" dos craques Amado, Pena, Hélcio e Moderato são evocados em "**Memórias de torcedor**", que retrata mais uma derrota do time. Detalhe: "o torcedor" é uma mulher. No caso, a cantora que mais gravou Wilson Baptista: Aracy de Almeida. "*Eu ontem vim da Gávea tão cansada/ Com a cabeça inchada/ Pois o Flamengo tornou a perder*" – lamenta Aracy no início do samba.

Enfim, chega de derrotas! Sucesso na voz de Roberto Silva, "**Samba rubro negro**", criado por Wilson nos anos 1950, além de ser uma vibrante declaração de amor, tornou-se uma espécie de hino informal do time. Procure no Youtube e assista ao ídolo dos gramados Júnior cantar o samba com orgulho em ocasiões variadas. O grande João Nogueira também realizou uma gravação emblemática, mas fez uma travessura: substituiu os nomes de Rubens, Dequinha e Pavão (craques dos anos 1950

*Manuscrito da letra de "**Rei Chicão**", samba que permaneceu inédito por mais de 40 anos, até ser gravado em 2010 por Tantinho da Mangueira.*

citados por Wilson no samba) pelos de Zico, Adílio e Adão (da geração dos anos 1980). Ao menos a citação à famosa Charanga do Jayme, barulhenta bandinha musical que animava a torcida nos jogos, continuou lá.

Em sua aquarela futebolística, Wilson admitiu outras cores além do vermelho e do preto. Sem preconceitos, também fez música para o Vasco: "*Vamos lá que hoje é de graça/ No boteco do José/*

Entra homem, entra menino/ Entra velho, entra mulher/ É só dizer que é vascaíno/ E que é amigo do Lelé". Essa marchinha, "**No boteco do José**", levantou as torcidas cruz-maltinas na voz de Linda Baptista.

Foi mais um gol de placa de Wilson.

Teses de Wilson

Para um sujeito se defender na vida não basta "alisar o banco da ciência", é preciso cursar a "escola da calçada". Palavras de Wilson. Apaixonado pelo (sub)mundo a seu redor, em tudo ele via poesia e possibilidades de "teses" – termo que usava para definir uma espécie de "essência de pensamento" que cada canção deveria conter.

Do drama das "mulheres da vida", cujas desventuras lhe eram sopradas ao pé do ouvido em noites de boemia, destilou a trágica e elegante "**Flor da Lapa**". As moças sofridas que recheavam de suicídios o noticiário sensacionalista foram autopsiadas em "**Mãe solteira**" (*"dizem que essas Marias/ Não têm entrada no céu..."*), "**Mariposa**" e "**Recado que a Maria mandou**". A ética do morro frente aos crimes de morte rendeu o sublime "**Mulato calado**" (*"A polícia procura o matador/ Mas em Mangueira não existe delator..."*). Essa era a zona de brilho da lira de Wilson: a beleza, a tragédia, o humor, a crônica e a poesia do real, do não idealizado.

Wilson era notívago, conforme expressou em "**Taberna**", samba que fez em tributo ao restaurante Taberna da Glória (*"A noite é a companheira dos aflitos/ À noite os sonhos são sempre mais bonitos"*), mas sua obra tem um caráter solar, "para cima", esperto, gaiato, quase bossa nova, reiterado pela escolha da tonalidade maior em 90% dos casos, mesmo quando aborda temas densos, como em "**Mãe solteira**". Os sambas "**Como se faz uma cuíca**", "**Não é economia (Alô, padeiro)**", "**N-a-o-til (Não)**", "**Oh, Dona Ignez**" e "**Se não fosse eu**" são exemplos disso. Se esses ainda não forem suficientes, ouça os mais conhecidos "**Preconceito**" e "**Louco (Ela é seu mundo)**" nas versões de João Gilberto.

Seu temperamento indomável o levava a andar com valentia na contramão dos principais clichês do samba. Boêmio, detestava os bêbados, a quem considerava uns "panarícios" (chatos). Fugia deles como o diabo da cruz. Vivia pelas madrugadas à base de leite, café e refrescos.

Quando o assunto era religião, tema caríssimo ao samba, Wilson chocava com a tese de que "Deus é o dinheiro". A busca pelo "cascalho", dizia ele, era a força motriz do planeta. Não fosse o vil metal, ninguém saía de casa. Apesar de não ser materialista (sabia que *"além de flores, nada mais vai no caixão"*), Wilson negava às religiões qualquer prerrogativa metafísica. Para ele, eram rituais criados pelo ser humano. Seus sambas jamais se curvaram ao Senhor do Bonfim ou subiram as escadas da Penha, como os de Ary Barroso; nada ofertaram aos orixás, como os de Dorival Caymmi; e, orgulhosos, dispensaram qualquer lenitivo do Criador.

O olhar de Wilson para a cidade à sua volta era sensível, mas não sentimental. Com a autoridade de quem viveu a pobreza na pele, dava-se ao direito de implicar com a sedução da intelectualidade pelos ambientes menos favorecidos. Resmungava que "subúrbio era fim de mundo", que não ia sujar paletó subindo morro e que as (até então, de fato) modestas escolas de samba eram "muito pobrezinhas" (preferia os ranchos carnavalescos). Sua vida era o coração palpitante do centro da cidade, definido pelo aglomerado de jornais, teatros, rádios, gravadoras, restaurantes e cabarés no eixo Avenida Rio Branco-Lapa-Praça Tiradentes.

Que malandro você é?

O paradoxo é que, mesmo produzindo ferozmente a vida inteira, Wilson sempre foi considerado um sujeito que nunca trabalhou. Viver exclusivamente de música (uma raridade na sua geração) era um de seus pecados. Estabelecer parcerias "conveniadas" com compradores de todas as procedências (bicheiros, *bookmakers*, disc-jóqueis) era outro. Fez a fama de malandro e não quis levantar-se dessa cama. "O estômago é o pior inimigo do compositor" – justificava-se.

À revista *Cena Muda*, nos anos 1940, o compositor Mario Lago deu nome aos bois:

"Há realmente compradores. (...) E os vendedores não são do morro. São rapazes cá de baixo, como Wilson Baptista, que se veste à última moda e não vende sua produção por vinte cruzeiros, e sim por muito bom preço."

Em seu livro *Na rolança do tempo*, Mario definiu Wilson como uma "verdadeira alma do cão de mistura com um compositor de gênio." Por fim, na década de 1980, se recusou a falar dele em entrevista a Luís Fernando Vieira, alegando não falar "de marginais" (também se negou a falar de Noel Rosa).

Percebe-se que Wilson era uma presença incômoda para o grupo de compositores do qual Mario fazia parte, oriundos da classe média e desejosos de um meio musical mais ameno. Apesar de ser apenas um dos muitos que tiraram partido do comércio do samba (quem ali no Nice nunca conveniou uma parceria que atirasse o primeiro pão com manteiga), por recusar-se a mudar ("*Eu sou assim/ Quem quiser gostar de mim/ Eu sou assim*"), e, opino, por um tanto de "olho gordo" de alguns colegas menos prendados, Wilson foi "pego para Cristo" como símbolo desse ranço de imoralidade que precisava ser "desodorizado". E o "perfex" do esquecimento caiu sobre ele.

A Polêmica ganha forma

Em 1951, o apaixonado "homem de rádio" e pesquisador Almirante produziu e apresentou uma série radiofônica de grande sucesso, *No tempo de Noel Rosa*, que desaguaria anos depois numa biografia do compositor de Vila Isabel. Era o início do resgate da memória de Noel, depois de uma década de relativo esquecimento.

Com sua atuação nos anos 1950 cada vez mais reduzida ao carnaval, Wilson não esperava muito dos meios de comunicação. Talvez por isso tenha lhe parecido lisonjeiro participar do programa, no episódio sobre a "polêmica musical" ocorrida quinze anos antes – mesmo que isso significasse compactuar com a versão rearranjada por Almirante para ir ao ar. Sintonizado com o gosto de seus ouvintes – em geral donas de casa com um olho no ferro de passar e o outro na leiteira quase fervendo –, Almirante jogou a morena do Dancing-Cabaret Apollo para baixo do tapete e dignificou a motivação de Noel ao iniciar a contenda com Wilson. Segundo o radialista, Noel respondera a "Lenço no pescoço" movido "por um louvável interesse pela regeneração dos temas poéticos da música popular". Logo quem. Amigo de malandros perigosos como Baiaco e Zé Pretinho, Noel Rosa – para desespero da mamãe D. Martha – vivia a léguas do politicamente correto (conceito que, aliás, nem existia).

Ao criar um canto claro para Noel no ringue da Polêmica, tirando de cena a dançarina do Apollo, Almirante não se perguntou: a quem caberia o canto escuro?

Vilão da Polêmica

A participação de Wilson num dos capítulos de *No tempo de Noel Rosa*, com direito a apressada palinha de seus maiores sucessos, é, ironicamente, um dos poucos registros de sua voz falada. Ele vestia ali, com indevida humildade, uma carapuça aderente, divulgando-se como um "antinoel". E o que tinha sido apenas uma chanchada entre colegas na disputa por um rabo de saia, restrita à galhofa das rodas de compositores, ganharia, com o tempo, cores de um duelo quase épico, rendendo análises profundas que contrapunham Vila Isabel x Estácio, Branco x Negro, Civilização x Malandragem. Num processo similar ao de Carmen Miranda (dadas as roliudianas proporções), em que a Carmen-cantora foi ofuscada pelo brilho de seus arranha-célicos turbantes, o Wilson-craque-da-composição foi sendo empurrado para a sombra pelo patético Wilson-vilão-da-Polêmica.

"Pena que Wilson só é lembrado quando se fala da polêmica com Noel" – lamentou, anos depois, Paulinho da Viola. "Na verdade, a Polêmica na obra dele é apenas um detalhe." (Só para constar, no mesmo depoimento, dado a um programa da Rede Globo, Paulinho afirmou: "Wilson Baptista, para mim, é o maior sambista de todos os tempos.")

Esquecimento

Com o passar do tempo, a maioria dos parceiros e colegas de Wilson passou a dividir a rotina, antes dedicada à boemia, entre família e cargos administrativos em editoras e sociedades de autores, compondo num ritmo menos intenso. (Nisso, estavam incluídos seus parceiros de fé Ataulpho Alves, Haroldo Lobo, Marino Pinto, Antônio Nássara e Roberto Martins.)

O Nice tinha fechado as portas. O carnaval, apossado pelas escolas de samba, pouco rendia. As turmas, os *points* e as febres musicais iam e vinham. Mas Wilson, obstinado, continuava fiel a seu estilo de vida: zanzando pelos bares do centro, sofrendo pelo Flamengo e compondo como se o mundo fosse acabar amanhã.

Semanas antes de morrer, tentou participar de um festival com um samba autorreferente e surrealista, "**Transplante de**

Wilson Baptista, abaixo, em foto de divulgação do LP "Polêmica" (1956 - Odeon). Com linda capa de Nássara, o disco (acima) trouxe pela primeira vez a série (quase completa) de sambas do "embate musical" entre Wilson e Noel, cantados por Roberto Paiva e Francisco Egydio.

coração". Foi o último que compôs. Começava com um pedido: "*Por favor, doutor/ Por favor, doutor/ Transplante o coração do Chicão*". E terminava num alerta: "*Porque o sambista quando é grande demais/ Não deve desaparecer*". Ficou na tentativa: o prazo de inscrição do concurso já havia expirado quando enviou a fita com o samba. Contentou-se com uma homenagem realizada na finalíssima do evento, com Clementina de Jesus cantando alguns sucessos seus. Uma das poucas deferências que recebeu em vida. Seu sonho irrealizado? Ver a música brasileira reinando nas paradas. Afinal, "*esse negócio de biri-biri-birêi/ É pro senhor Cab Cab Calloway*" ("**Artigo nacional**").

Wilson teve três filhos (Wilton, Marilza e Vílson) com três de seus amores (Floripes, Marina e Verinha), mas terminou sozinho num modesto apartamento na Rua Senador Dantas, em meio ao entra e sai de "mariposas", a quem apresentava como artistas, e com um caderno transbordando de músicas inéditas guardado na gaveta.

Em 2013, ano de seu centenário, Wilson Baptista de Oliveira merece voltar ao assovio de seu povo. Para quem quiser conhecê-lo, basta ouvi-lo, tocá-lo e cantá-lo: sua vida (e a história do Rio de Janeiro, sua cidade por adoção, devoção e merecimento) está toda espelhada – e espalhada – em sua obra. E que obra!

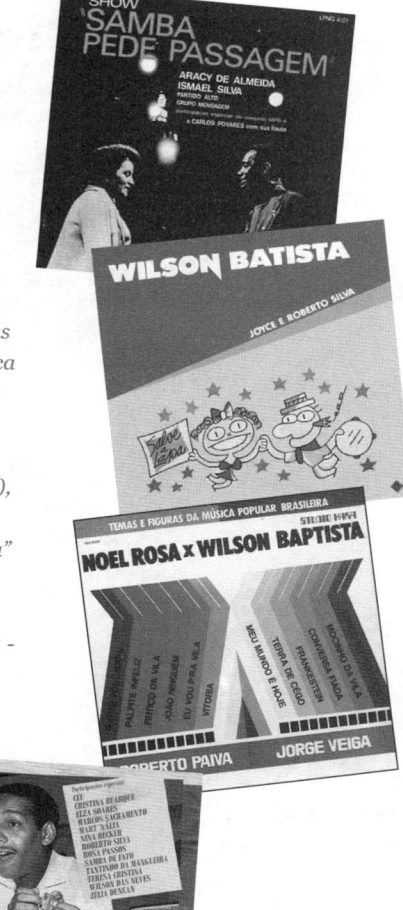

Outros discos (à direita) revisitaram a Polêmica: "Samba pede passagem" (1966 - Polydor), "Temas e figuras da Música Popular Brasileira - Noel Rosa x Wilson Baptista" (1974 - Studio Hara), "Wilson Batista - Joyce e Roberto Silva" (1985 - Funarte) e "O samba carioca de Wilson Baptista" (2011 - Biscoito Fino).

CANCIONEIRO

Sobre as transcrições

As músicas que integram esse cancioneiro jamais foram reunidas numa publicação, e a maior parte delas nunca foi escrita nesse formato. Visando a maior praticidade possível, optamos por escrever apenas as melodias cifradas com as letras embaixo das notas. As partituras foram diagramadas de modo a caberem, de preferência, numa página somente, como nos cadernos de choro e nos real books norte-americanos. A ideia é apresentar um apanhado abrangente da obra de Wilson Baptista numa publicação "sem gorduras", de fácil manuseio.

Para elaborar as partituras, tomamos por base as primeiras gravações realizadas de cada música, as partes de piano originais (quando havia) e registros caseiros do próprio compositor. Em caso de divergência, usamos o bom senso e a experiência da equipe para optar pela melhor solução. Em geral, buscamos a síntese e a essência das harmonias, evitando rearmonizações e inversões desnecessárias de acorde – a não ser quando julgamos verdadeiramente enriquecedor, como acontece em "Rei Chicão". Em alguns casos, achamos interessante apresentar harmonias alternativas, que inserimos entre parênteses ou acima da harmonia tradicional.

Sobre a autoria das músicas

Todas as músicas presentes nesse cancioneiro foram, obviamente, compostas por Wilson Baptista, com e sem parceiros. Durante certo período, por questões pessoais, Wilson solicitou à esposa e ao pai (Marina e João Baptista, o "J. Baptista") que assinassem algumas de suas músicas no seu lugar, como é o caso de "Pertinho do céu", "Boa companheira", "Lá vem o Ipanema", "Mulato calado", "O doutor quer falar com você" e "O tambor do Edgar (Venha manso)" (não confundir o pai de Wilson com o parceiro do compositor em "Meu mundo é hoje", José Baptista, que também assinou músicas como "J. Baptista" a partir de 1947, ano de seu ingresso no meio artístico).

Wilson consta como autor de "Carta verde" no selo do disco (ao lado de Walfrido Silva e Armando Lima), mas não na partitura. A autoria de "Goodbye, amor" foi atribuída a Wilson, em entrevistas, pelo coautor Roberto Martins.

A morena que eu gosto

Wilson Baptista e Marino Pinto

A mulher do seu Oscar

Wilson Baptista e Ataulpho Alves

samba

A mulher que eu gosto

Cyro de Souza e Wilson Baptista

Acertei no Milhar

Wilson Baptista e Geraldo Pereira

samba-de-breque

Etelvina
Acertei no milhar
Ganhei quinhentos contos
Não vou mais trabalhar
Você dê toda roupa velha aos pobres
E a mobília podemos quebrar
"Isto é pra já! Vamos quebrar!" (breque)
Etelvina
Vai ter outra lua-de-mel
Você vai ser madame
Vai morar num grande hotel
Eu vou comprar um nome não sei onde
De Marquês Morengueira de Visconde
E um professor de francês, mon amour
Eu vou trocar seu nome pra Madame Pompadour
Até que enfim agora sou feliz
Vou passear a Europa toda
Até Paris
E os nossos filhos
Oh, que inferno!
Eu vou pô-los num colégio inter-

* Em caso de repetição, voltar para o início ("*Etelvina/ Acertei no milhar...*") ou diretamente para os compassos 2 e 3 ("*Acertei no milhar/ Ganhei quinhentos contos...*"). A forma desse samba-de-breque tem variado a cada regravação desde o registro original, já bastante livre, realizado pelo cantor Moreira da Silva.

Alberto Bronqueou

Wilson Baptista e Haroldo Lobo

Balzaquiana (La Balzacienne)

marcha

Wilson Baptista
e Antônio Nássara

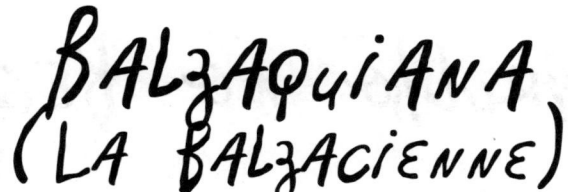

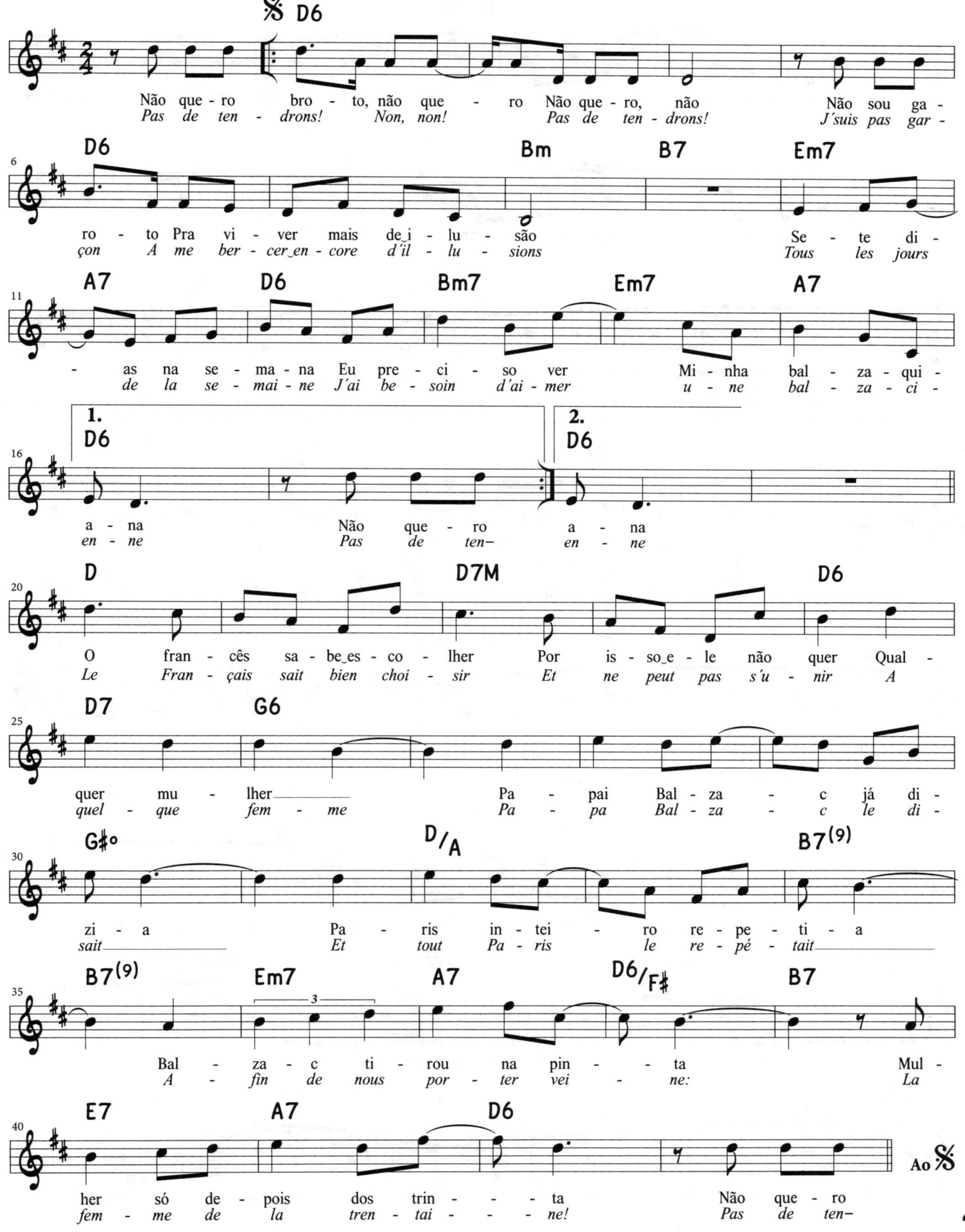

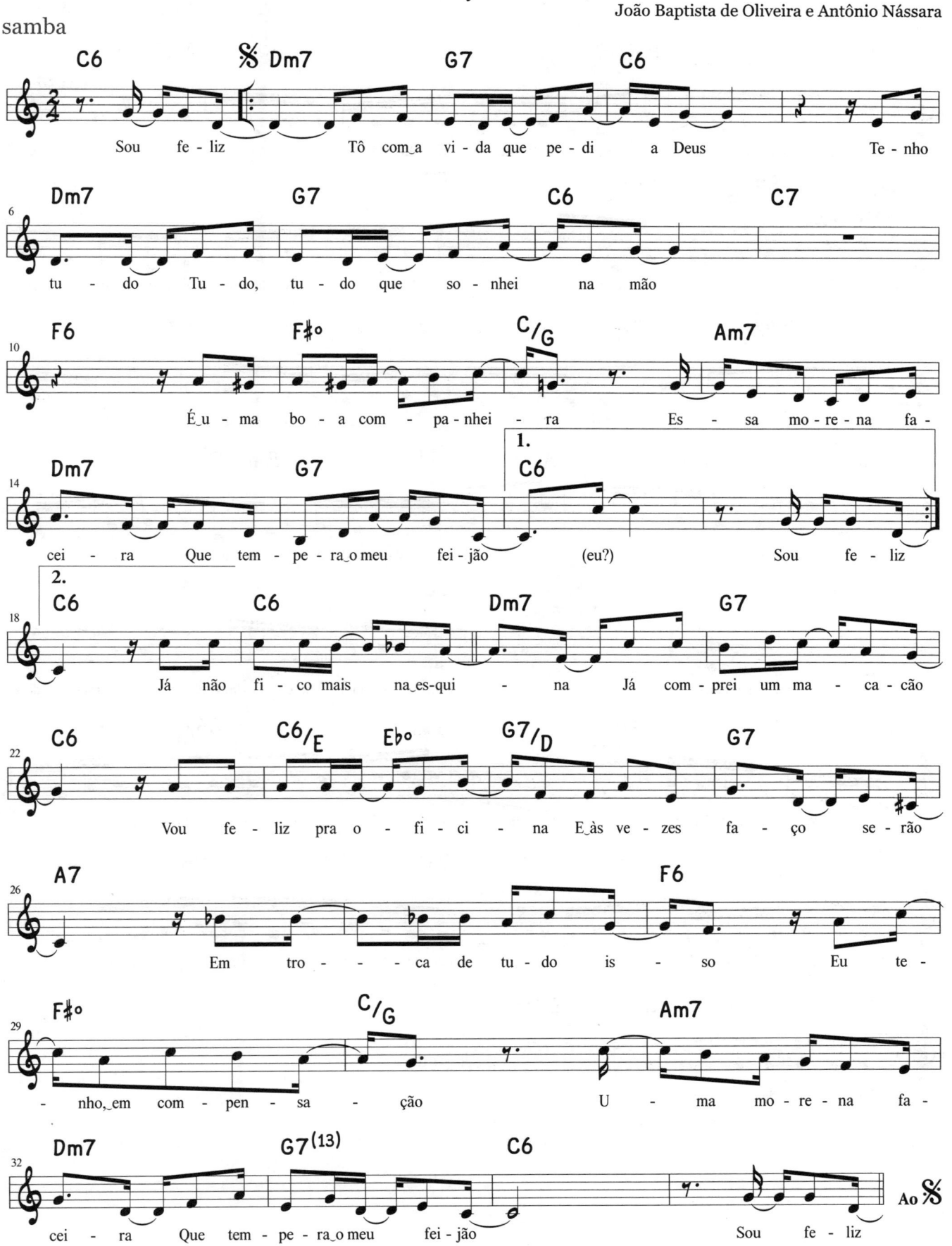

Boca de Siri

Wilson Baptista e Germano Augusto

CALA A BOCA ETELVINA

Wilson Baptista e Antônio Almeida

samba

Eu já vi que a minha si - na
É vi - ver pra te a - tu - rar
Ca - la a bo - ca, E - tel - vi - na! Sos - se - ga a lín - gua fe -
ri - na A - pa - ga a luz Que a - ma - nhã vou tra - ba - lhar
Vou me le - van - tar de ma - nhã ce -
- do E eu te - nho me - do De per - der o trem
Dei - xa - me dor - mir, por ca - ri - da -
- de Pois o trem na Pi - e - da - de Não es - pe - ra por nin - guém
(Quan - do vem!)

D.C.

Chico Brito

samba-canção

Wilson Baptista e Afonso Teixeira

harm. alternativa: D/F♯ Dm/F Em7(♭5) A7

Lá vem o Chico Brito Descendo o morro Na mão do Peçanha É mais um processo É mais uma façanha O Chico Brito fez do baralho Seu melhor esporte É valente no morro E dizem que fuma Uma erva do norte E le menino, ia ao colégio Era aplicado Tinha religião Muito estimado Se jogava bola Era indicado para capitão "Mas a vida tem os seus reveses" dizia a Chico defendendo teses "Se o homem nasceu bom E bom não se conservou A culpa é da sociedade Que o transformou" Lá vem

Homenagem dos autores ao festejado compositor e cantor Victorio Lattari

Chinelo Velho

Wilson Baptista e Marino Pinto

samba

Eu não, eu não Não pro-cu-ro sa-ber Pra não me a-bor-re-cer
É a mim que e-le de-ve a-mar
Se não for, pra que cho-rar?
Há sem-pre um chi-ne-lo ve-lho Pro pé do-en-te cal-
1. çar Eu não, eu não 2. çar Se vo-cê me a-ban-do-nar
Não vou mor-rer de pai-xão Não pen-se que eu vou cho-rar Com a nos-
-sa se-pa-ra-ção Há sem-pre um co-ra-ção va-zi-o Pa-ra um
no-vo a-mor a-bri-gar Há sem-pre um chi-ne-lo ve-lho Pra um
pé do-en-te cal-çar Eu não, eu não

Ao 𝄋 direto à casa 2

Cidade de São Sebastião

Antônio Nássara e Wilson Baptista

samba

Ri - o, ci - da - de de São Se - bas - ti - ão
Ri - o do ca - va - qui - nho, flau - ta e vi - o - lão Teu céu
é um e - nor - me pan - dei - ro Cri - va - do de es - tre - las de bri - lho sem par Pan - dei -
- ro que faz a ca - dên - cia De um po - vo que can - ta e sa - be sam - bar bar Ci -
da - de on - de o sol é mais quen - te E a al - ma da gen - te É mais quen - te tam - bém Tu tens
a su - bli - me be - le - za Que as ou - tras ci - da - des não têm Se eu
fos - se po - e - ta Can - ta - va os en - can - tos teus Não há ci - da - de mais
be - la Su - a - ve a - qua - re - la Pin - ta - da por Deus

D.C. e ⊕

Copyright © 1941 by IRMÃOS VITALE S/A IND. E COM. (100%)
Todos os direitos autorais reservados para todos os países. *All Rights Reserved. International Copyright Secured.*

Comício em Mangueira

Wilson Baptista e Germano Augusto

samba

Houve um comício em Mangueira O Cabo Laurindo falou Toda a Escola de Samba aplaudiu, é Toda a Escola de Samba chorou "Eu não sou herói" Era como vento a sua voz "Heróis são aqueles Que tombaram por nós" Houve missa campal Bandeira a meio-pau Toda a Escola de Samba rezou Laurindo então lembrou os nomes Dos sambistas que tombaram Mangueira tomou parte na vitória Mangueira mais uma vez na história!

D.C.

40

Copyright © 1945 by IRMÃOS VITALE S/A IND. E COM. (100%)
Todos os direitos autorais reservados para todos os países. *All Rights Reserved. International Copyright Secured.*

Como se faz uma cuíca

Haroldo Lobo e Wilson Baptista

samba

Um pe-da-ço de pau Um pe-da-ço de cou-ro Nu-ma bar-ri-ca É as-sim que se faz u-ma cu-í-ca Um pe-da-ço de faz u-ma cu-í-ca De-pois de tu-do a-ca-ba-do Tem ou-tra o-bser-va-ção Ar-ran-je um pa-no mo-lha-do Pra fa-zer a mar-ca-ção Ve-nham ver co-mo é que o sam-ba fi-ca! O pi-a-no é de no-bre Ins-tru-men-to de po-bre É a cu-í-ca Um pe-da-ço de

Ao 𝄋

Copyright © 1944 by IRMÃOS VITALE S/A IND. E COM. (100%)
Todos os direitos autorais reservados para todos os países. *All Rights Reserved. International Copyright Secured.*

Conversa Fiada

Wilson Baptista

samba

É con-ver-sa fi-a-da Di-ze-rem que_o sam-ba Na Vi-la tem fei-ti-ço Eu fui ver pa-ra crer E não vi na-da dis-so A Vi-la_é tran-qui--la Po-rém eu vos di-go: cui-da-do An-tes de i-rem dor-mir Dêem du-as vol-tas no ca-de-a-do É con-ver-sa fi-a-do

Eu fui à Vi-la ver o ar-vo-re--do se me-xer E co-nhe-cer o ber-ço dos fol-ga--dos A lu-a nes-sa noi-te de-mo-rou tan--to Me_as-sas-si-na-ram um sam-ba Vei-o da-í o meu pran--to É con-ver-sa fi-a-

Copyright © 1956 by WARNER CHAPPELL EDIÇÕES MUSICAIS LTDA (100%)
Todos os direitos autorais reservados para todos os países. All Rights Reserved. International Copyright Secured.

Cosme e Damião

Wilson Baptista e Jorge de Castro

samba-choro

Pa-rei meu car-ro na Pra-ça Pa-ris Eu e a Con-cei-ção
De re-pen-te ou-vi um "boa noi-te" E ram o Cos-me e o Da-mi-ão
Des-ta-ca-ram um pa-pel a-ma-re-lo Que si-tu-a-ção!
É que dis-tra-i-da-men-te Eu es-ta-ci-o-nei na con-tra-mão
Con-ver-sei o Cos-me Dei um ci-gar-ro pro Da-mi-ão
Ex-pli-quei aos bons sol-da-dos Que mos-tra-va o Pão de A-çú-car À Con-cei-ção E-
-les a-cha-ram gra-ça E um me res-pon-deu Chei-o de fé:
"Du-ra lex, se-d lex Nem que o se-nhor Fos-se o Ca-fé!" (Pois é!) Pa-rei meu

2. Dei mar-cha a ré no Che-vro-let Me dê o meu bo-né!

Copyright © by J. LOUREIRO ADMINISTRAÇÃO MUSICAL LTDA (ADDAF) (100%)
Todos os direitos autorais reservados para todos os países. All Rights Reserved. International Copyright Secured.

Deixa de Ser Convencida

Wilson Baptista e Noel Rosa

samba

Deixa de ser convencida
Todos sabem qual é
Teu velho modo de vida
És uma perfeita artista, bem sei
Também fui do trapézio
Até salto mortal
No arame eu já dei

1. No picadeiro desta vida
Serei o domador
Serás a fera abatida
Conheço muito bem acrobacia
Por isso não faço fé
Em amor, em amor de parceria

D.C.

Homenagem do co-autor Wilson Baptista à cidade de Campos, Estado do Rio, seu torrão natal

Depois da Discussão

Wilson Baptista e Marino Pinto

samba

Fui o-bri-ga - da a em-bru-lhar o que e-ra meu U-ma ca-mi-sa de ma-lan - dro Que e - le me deu Eu es-pe-ra - va de-pois da dis-cus-são que e - le dis - ses - se: "Não vá, co-ra-ção" Du-as lá-gri-mas ro - la-ram dos meus o - lhos Ao ba-ter o por - tão No ou - tro di - a eu fi - quei À es - pe - ra de u-ma car - ti - nha Em que e - le a-fir-mas - se que e-ra só meu O te-le-fo-ne ba - teu Só co-nhe-ci su-a voz quan - do dis-se: "Es - tá tu-do a-ca - ba-do en-tre nós!" Fui bri

Copyright © 1940 by TODAMÉRICA EDIÇÕES LTDA (100%)
Todos os direitos autorais reservados para todos os países. *All Rights Reserved. International Copyright Secured.*

Desacato

Wilson Baptista e Murillo Caldas

samba

Me desacatou / Vou lhe reprovar / Guarde na memória / Hei de me vingar

Diga por que você me deixa a casa / E vai para a orgia / Me desobedece, oi neném / Perca esta mania, ai meu bem / a / Um desacato assim / Ninguém pode aturar

Pancada não dá jeito / Por mais que eu lhe bata / Pois já não me respeita / E sempre me desacata / Se ela não mudar / O seu procedimento / Vou deixar um bilhetinho: "Adeus, adeus, mau elemento!"

E la abandona a casa / Vai para o morro sambar / Não quero que ela faça / Como fez da outra vez / Foi se embora de piraça / E só voltou no fim do mês

D.C.

DEUS NO CÉU E ELA NA TERRA

Wilson Baptista e Marino Pinto

samba

Eu sei que outra no meu lar Não vai viver bem Só e-la conhece os meus defeitos E as virtudes também Por isso Já mandei construir uma casinha na serra Pra e-la É Deus no céu e eu na terra Eu sei terra Não existe ninguém perfeito Quando se tem amizade Desapareceu o defeito Eu finjo não saber que ela erra Pra poder dizer "Deus no céu e ela na terra" Eu sei

Ao Dr. Henrique Leopoldo Pfefferkorn, sincera homenagem dos autores

DIAGNÓSTICO

Wilson Baptista e Germano Augusto

samba

Eu fui ao dou-tor me con-sul-tar E-le me le-vou ao rai-o xis "Bo-a_a-mi-ga, eu não que-ro lhe des-gos-tar Mas vo-cê tem u-ma sau-da-de no pei-to Só o tem-po é que po-de lhe cu-rar Eu sin-to mui-to, mas não há re-mé-dio Pra com-ba-ter es-te mal-va-do té-dio O mi-cró-bio da sau-da-de_é re-ni-ten-te Cus-ta mui-to_a_a-ban-do-nar o co-ra-ção da gen-te A me-di-ci-na_es-tá mui-to a-van-ça-da Mas no seu ca-so não a-di-an-ta na-da É in-cu-rá-vel a su-a_en-fer-mi-da-de Não há re-mé-dio pra cu-rar u-ma sau-da-de"

D.C.

Copyright © 1943 by TODAMÉRICA EDIÇÕES LTDA (100%)
Todos os direitos autorais reservados para todos os países. All Rights Reserved. International Copyright Secured.

doce de coco

Arnô Canegal e Wilson Baptista

samba

O bei-jo de-la é me-lhor do que do-ce de co-
-co Oh, que de-lí-cia! Quem pro-var fi-ca lou-
-co O bei-jo de-
-la é um tro-féu É bem me-lhor do que man-jar do céu

1. O bei-jo de-
2. Por cau-sa des-te bei-
-jo Ce-do me le-van-to Por cau-sa des-te bei-
-jo Eu tra-ba-lho tan-to Ai, o bei-jo de-
-la é tão do-ce Que me do-mi-na A-té pa-re-
-ce que tem Que tem vi-ta-mi-na O bei-jo de-

Copyright © 1943 by IRMÃOS VITALE S/A IND. E COM. (100%)
Todos os direitos autorais reservados para todos os países. All Rights Reserved. International Copyright Secured.

Dolores Sierra

Wilson Baptista e Jorge de Castro

samba-canção

Do-lo-res Sier-ra Vi-ve em Bar-ce-lo-na na bei-ra do cais Não tem cas-ta-nho-las E faz com-pa-nhi-a a quem lhe der mais Nas-ceu em Sa-la-man-ca Seu pai la-vra-dor Vei-o a mai-o-ri-da-de Co-mo quem nas-ce na ro-ça Tem sem-pre a i-lu-são de vi-ver na ci-da-de Su-a mãe cho-rou No di-a em que e-la par-tiu Pra co-nhe-cer Dom Pe-dri-to Que pro-me-teu e não cum-priu Com fri-o e com se-de Só, na sar-je-ta Sor-riu pa-ra um ho-mem E ga-nhou a pri-mei-ra pe-se-ta O na-vi-o a-pi-tou Pa-guei a des-pe-sa A his-tó-ria se en-cer-ra A-deus, Bar-ce-lo-na, a-deus A-deus, Do-lo-res Sier-ra Do-lo-res

É MATO

Wilson Baptista e Ary Monteiro

batucada

(Lyrics:)

Você diz que eu não lhe amo Considero um desacato Eu lhe tenho muita amizade Amor no meu peito é mato Eu lhe tenho to Eu não durmo sem sonhar Com a amizade desse ingrato Meu café de manhã cedo É beijar o seu retrato Eu lhe tenho

Teu amor já tem raiz No meu coração pacato Você diz que eu não lhe amo Considero um desacato Eu lhe tenho muita amizade Amor no meu peito é mato Eu lhe tenho to Você Ao 𝄋

51

E o 56 não veio

Wilson Baptista e Haroldo Lobo

samba

Eu ontem esperei às sete em ponto Ainda dei uma hora de desconto Os ponteiros do relógio pareciam me dizer: "Vai embora, meu amigo Ela não vai aparecer" Será que ela não veio porque se zangou Ou o Bonde Alegria descarrilhou? Será

Houve qualquer coisa de anormal Ela sempre foi pra mim tão pontual Fui ao chefe da Light Perguntei ao inspetor "O que houve com o cinquenta e seis? Esse bonde sempre trouxe o meu amor" Será

E o Juiz Apitou

Wilson Baptista e Antônio Almeida

samba

Eu ti-ro o do-min-go pa-ra des-can-sar Mas não des-can-sei Que lou-co fui eu! Re-gres-sei do fu-te-bol To-do quei-ma-do do sol O Fla-men-go per-deu pro Bo-ta-fo-go A-ma-nhã vou tra-ba-lhar Meu pa-trão é vas-ca-í-no E de mim vai zom-bar (Eu ti-ro!) Eu ti- Fo-ram no-ven-ta mi-nu-tos Que eu tor-ci co-mo um lou-co A-té fi-car rou-co Nan-di-nho pas-sa a Zi-zi-nho Zi-zi-nho ser-ve a Pi-ri-lo Que pre-pa-rou pra chu-tar A-í o ju-iz a-pi-tou O tem-po re-gu-la-men-tar (Que a-zar!) Eu ti-

Ao 𝄋

Copyright © 1942 by MANGIONE FILHOS & CIA LTDA (100%)
Todos os direitos autorais reservados para todos os países. *All Rights Reserved. International Copyright Secured.*

Emília

Wilson Baptista e Haroldo Lobo

samba

(Quero uma mulher Que saiba lavar e cozinhar E de manhã cedo Me acorde na hora de trabalhar Só existe uma E sem ela eu não vivo em paz Emília, Emília, Emília Eu não posso mais Quero uma mulher)

(Ninguém sabe igual a ela Preparar o meu café Não desfazendo das outras Emília é mulher Papai do céu é quem sabe A falta que ela me faz Emília, Emília, Emília Eu não posso mais Quero uma mulher)

ESSA MULHER TEM QUALQUER COISA NA CABEÇA

Wilson Baptista e Christóvão de Alencar

samba

Tu-do que e-la quis eu dei   Tu-do que e-la pe-diu eu fiz

Por su-a cau-sa qua-se me ar-rui-nei

E e-la ain-da a-cha que não é fe-liz   Só pe-ço a Deus

que e-la de-sa-pa-re-ça   Es-sa mu-lher

tem qual-quer coi-sa na ca-be-ça! Eu não vi-vo sa-tis-fei-

-to De-pois de tu-do que fiz   E-la não tem o di-rei-

-to De me fa-zer in-fe-liz   Já per-di a pa-ci-ên-

-cia E-la que não me a-bor-re——ça!   Es-sa mu-lher

tem qual-quer coi-sa na ca-be-ça!   Ao 𝄋
Tu-

55

Copyright © 1942 by MANGIONE FILHOS & CIA LTDA (100%)
Todos os direitos autorais reservados para todos os países. *All Rights Reserved. International Copyright Secured.*

Homenagem dos autores aos brilhantes pioneiros da civilização brasileira A Noite e O Globo

ESTÁ MALUCA

Wilson Baptista e Germano Augusto

samba

Já o-b-servei minha mu-lher Tá ma-lu-ca Tá ma-lu-ca Já bri-gou com to-da a vi-zi-nhan-ça Tem pra-zer em me ver de si-nu-ca Quan-do o ga-lo can-ta E o sol vai des-pon-tar E-la se le-van-ta, oi La-va o ros-to e vai bri-gar (Ha, ha) To-da vez que eu che-go em ca-sa Do por-tão eu ou-ço um gri-to Vem fe-rir os meus ou-vi-dos E por is-so eu vi-vo a-fli-to E to-dos os di-as O jor-na-lei-ro me cha-ma a a-ten-ção "Noi-te! Glo-bo!" Jo-ão Nin-guém, Ma-ri-a Fu-ma-ça Em pri-mei-ra e-di-ção

D.C.

Copyright © 1940 by TODAMÉRICA EDIÇÕES LTDA (100%)
Todos os direitos autorais reservados para todos os países. All Rights Reserved. International Copyright Secured.

Esta Noite Eu Tive Um Sonho

Wilson Baptista e Moreira da Silva

samba-de-breque

Sal-tei em Ber-lim En-trei num bo-te-quim Pe-di ca-fé, pão e man-tei-ga Pa-ra mim O gar-çom res-pon-deu: "Não po-de ser, não" Fi-quei fu-ri-o-so E fui ha-blar ao pa-trão Que me re-ce-beu Com du-as pe-dras na mão E me dis-se qua-tro fra-ses em a-le-mão: "Chucrute, danke, gut" Ne-res dis-so! Sou dou-tor em sam-ba Ve-nho de ou-tra na-ção Ti-ve von-ta-de de co-mer uns bi-fes Fiz mais, dis-se: "Seu Fritz, não se re-sol-ve as-sim, não Ve-nho do Bra-sil Tra-go um pre-sen-te pro se-nhor Es-ta ga-nha, es-ta per-de Na vol-ti-nha que eu dou" Já ti-nha ga-nho to-dos mar-cos pa-ra mim Quan-do ou-vi o ru-í-do de um Zep-pe-lin Eu a-cor-dei Ti-nha ca-í-do no chão Sal-si-cha à noi-te não faz bo-a di-ges-tão (Eu ti-ve um so-nho em a-le-mão!) Sal-tei em Ber-lim

Estás no meu caderno

Benedicto Lacerda, Wilson Baptista e Oswaldo Silva

samba

Es-tás no meu ca-der-no, ó ne-ga Tu vais me pa-gar
Eu não sou cri-an-ça E me fi-zes-te cho-rar
Fos-te bem má Não sou-bes-te com-pre-en-der
Eu a-in-da cho-ro O que fiz pa-ra vo-cê? Fim Es-

Ju-ro com fir-me-za Que eu ho-je em di-a Não da-
Hei de ver-te a in-da Dor-min-do na ru-a Chei-a

rei mais a-ga-sa-lho Às mu-lhe-res da or-gi-a Eu
de ne-ces-si-da-de Con-tem-plan-do a lu-a E

fiz tu-do por ti Dei-ta a-té meu co-ra-ção E
eu chei-o de vi-da Sem-pre na mi-nha ca-sinha À es-

co-mo re-com-pen-sa Só me des-te in-gra-ti-dão Es-
pe-ra de ou-tra deu-sa Pa-ra ser mi-nha ra-inha Es-

Ao 𝄋 2 vezes e Fim

Eu sou de Niterói

Wilson Baptista e Ataulpho Alves

samba

Eu não sou daqui
Eu sou de Niterói
Sinto muito, mas não posso
Aceitar o seu amor
Na terra do Arariboia
É que eu tenho quem me quer
Passe bem
Seja feliz, oi
Até quando Deus quiser

Juro, tenho compromisso
Seu moço, preste atenção
Do outro lado da Baía
Empenhei o coração
Vou embora, até loguinho
Por favor, não leve a mal
Estou em cima da hora
A barca deu o sinal
Ai, ai

D.C.

Copyright © 1941 by IRMÃOS VITALE S/A IND. E COM. (100%)
Todos os direitos autorais reservados para todos os países. *All Rights Reserved. International Copyright Secured.*

Eu Tenho Que Fugir

Wilson Baptista e Germano Augusto

samba

Eu te-nho que fu-gir De trem ou de va-por Tal-vez pos-sa_es-que-cer es-se_a-mor... O co-ra-ção des-se mal-va-do_é_um_a_a-ra-pu-ca Vou-me_em-bo-ra_en-quan-to_é tem-po Se-não a-ca-bo ma-lu-ca, ai Eu te-ca, ai Quan-do nos vi-mos a pri-mei-ra vez Meu co-ra-ção fez ti-c-tac, ti-c-ta-c E-le se_ins-pi-rou E re-ci-tou um lin-do tre-cho de Bi-la-c No Ri-o Nas tar-des de ve-rão Só não se_a-pai-xo-na Quem não ti-ver co-ra-ção (Re-fle-ti) Eu te-

Ao %

Copyright © 1941 by IRMÃOS VITALE S/A IND. E COM. (100%)
Todos os direitos autorais reservados para todos os países. *All Rights Reserved. International Copyright Secured.*

Filomena, cadê o meu?

Wilson Baptista e Antônio Almeida

samba

Fi - lo - me - na, ca - dê o meu? Fi - lo - me - na, ca - dê o meu?
A - que - le bei - jo gos - to - so Que vo - cê me pro - me - teu
Fi - lo - me - na, ca - dê o meu? Fi - lo - me - na, ca - dê o meu?
Vo - cê deu a to - do mun - do Só a mim vo - cê não deu,
Fi - lo - me - na Ca - dê o meu? Gas - tei di - nhei -
- ro Es - go - tou - se o meu la - tim Com uns e ou - tros, Fi - lo - me -
na Vo - cê não faz as - sim Eu tam - bém que - ro Go - zar dos ca - ri - nhos seus
Fi - lo - me - na, de mim tem pe - na Tam - bém sou fi - lho de Deus!
Fi - lo - me - na, ca - dê o meu?

FANTOCHE

Wilson Baptista e Américo Seixas

samba-canção

Di - zes bem, fui um pa - lha - ço Que um di - a deu-te o bra-
- ço Que - ren - do o teu co - ra - ção
Teu a - mor, bar - co que jo - ga Quem ne - le em - bar - ca se a-
fo - ga No mar da de - si - lu - são
Dei - te vi - da de prin - ce - sa Jói - as, pe - les, lau - ta me-
- sa Au - to - mó - vel, ban - ga - lô
Ti - nhas mais que o ne - ces - sá - rio Do bol - so de um gran-de o - tá-
- rio Que em teu bei - jo a - cre - di - tou
An - tes na - da me di - zi - a Que e - ras a fan - ta - si-

B7 Em/B B/A Em/G B7/F♯
- - a Das pai - xões o - ca - sio - nais
Em A7
De - pois sen - ti teu a - fe - to Co-mo‿um sim - ples o - b - je -
E7 A7 D D/C Bm6 Gm6/B♭
- - to Que per - ten - ce‿a quem der mais
D/A A7/C♯ D F♯m7(♭5)
Bem me - re - ço‿o teu de - bo - che Po - des rir des - te fan - to -
B7 Em B7/F♯ Em/G B/A
- - che Que te fez al - gum fa - vor De - ser -
B♭7 B♭/A♭ D B7
- - to, é o nos - so des - ti - no És vai - do - sa‿e‿eu fui cre - ti -
E7 A7 D
- - no Por te‿a - mar com tan - to‿a - mor

Flor da Lapa

Wilson Baptista e Cezar Brasil

samba-canção

Estão vendo aquela mulher
Bebendo, bebendo
De mesa em mesa?
Já foi a Flor da Lapa
A rainha da beleza
Os homens brindavam seu corpo
Bebendo champanhe
Hoje acabo, acabaré
Ela não tem quem lhe acompanhe
Foi a flor mais perfumada
Teve a Lapa noturna a seus pés
Iludiu gigolôs
Arruinou coronéis
Carrega hoje um enorme desgosto
Foge sempre do espelho
Pra não ver a verdade no rosto
Estão...

FRANKENSTEIN

Wilson Baptista

samba

Bo-a im-pres-são nun-ca se tem Quan-do se en-con-tra um cer-to al-guém
Que a-té pa-re-ce o Fran-kens-tein Mas
co-mo diz o ri-fão Por u-ma ca-ra fei-
-a Per-de-se um bom co-ra-ção Bo-
En-tre os fei-os és o pri-mei-ro da fi-
-la To-dos re-co-nhe-cem lá na Vi-
-la Es-ta in-di-re-ta é con-ti-
-go E de-pois não vás di-zer Que eu não sei o que di-
-go (Sou teu a-mi-go) Bo-

Ao 𝄋

Copyright © 1941 by WARNER CHAPPELL EDIÇÕES MUSICAIS LTDA (100%)
Todos os direitos autorais reservados para todos os países. *All Rights Reserved. International Copyright Secured.*

Ganha-se pouco, mas é divertido

Cyro de Souza e Wilson Baptista

samba-choro

Ele trabalha de segunda a sábado Com muito gosto Sem reclamar Mas no domingo ele tira o macacão Embandeira o barracão Põe a família pra sambar Lá no morro ele pinta o sete Com ele ninguém se mete Ali ninguém é fingido Ganha-se pouco Mas é divertido Ele nasceu sambista Tem a tal veia de artista Carteira de reservista Está legal com o senhor io Não pode ouvir pandeiro, não Fica cheio de dengo É torcida do Flamengo Nasceu no Rio de Janeiro Ele tra-

Garota dos discos

Wilson Baptista e Afonso Teixeira

samba

Ga-ro-ta que ven-de meu dis-co Por trás do bal-cão To-da pro-sa A-do-ra Cho-pin Co-nhe-ce de cor No-el Ro-sa A fre-gue-si-a da lo-ja lhe tem a-d-mi-ra-ção Eu tam-bém fa-ço par-te Fa-ço par-te des-sa mul-ti-dão Ga-ro-ta, ga-ro-ta Di-ga pra es-ta ma-da-me Es-sa é a nos-sa can-ção Ga-ro-ta, ga-ro-ta Ah, eu que-ri-a ser dis-co Pra vi-ver na su-a mão (E no seu co-ra-ção!) Ga-ro-

Gênio Mau

Wilson Baptista e Rubens Soares

batucada

Ele tem Ele tem um gênio mau Quando eu digo pedra é pedra Ele diz que pedra é pau (Ele tem) Ele tem

Mas assim o nosso amor vai se acabar
É demais, eu não posso continuar
Ele um dia é capaz de me estranhar
Eu darei um golpe certo Mandando esse homem andar
(Ele tem) Ele tem

Ao

Goodbye, Amor

Roberto Martins e Oscar Lavado

samba

Ao voltar da batucada Que transformação!
Encontrei a porta aberta Do meu barracão
Meu amor tinha partido Sem pensar na minha dor
Deixando um bilhetinho "Goodbye, amor"
Ao voltar da batuca-
Levou tudo o que podia Nosso amor me recordar
Está tudo desolado Hoje tudo é solidão
Só deixando a nostalgia Pra me maltratar
Ao voltar da batuca-
Do barraco abandonado Vou fazer leilão
Ao voltar da batuca

Gosto mais do Salgueiro

Wilson Baptista e Germano Augusto

samba

Não posso sair do Salgueiro Estamos em fevereiro Você quer me levar pra Copacabana Quer me ver toda bacana Mas já tenho um pandeiro Samba primeiro, Samba primeiro Gosto muito de você Mas tenho amor ao meu Salgueiro

Não pos-

(instrum.)

Eu sou lá no morro A porta-estandarte Já ganhei medalha Sambar é uma arte Já me batizaram "O samba em pessoa" Mas não deixo o Salgueiro assim à toa Não pos-

Ao %

Copyright © 1943 by IRMÃOS VITALE S/A IND. E COM. (100%)
Todos os direitos autorais reservados para todos os países. *All Rights Reserved. International Copyright Secured.*

HILDEBRANDO

Haroldo Lobo e Wilson Baptista

samba

Sem-pre des-can-san-do, Hil-de-bran—do Is-to_as-sim não po-de ser Vo-cê le-va_o di-a_in-tei-ro Pe-ram-bu-lan-do na ru-a Não quer Pro-cu-rar o que fa-zer Vai tra-ba-lhar Vai tra-ba-lhar Vo-cê pre-ci-sa tra-ba-lhar pra se de-fen-der Na ca-sa do Hil-de-bran-do A so-pa tá se_a-ca-ban-do E_as cri-an-ci-nhas, coi-ta-das Só vi-vem cho-ran-do E e-le sem-pre_es-pe-ran-do Que_o di-nhei-ro_em ca-sa jor-re Diz que_a es-pe-ran-ça É a úl-ti-ma que mor-re (Hil-de-bran-do!)

D.C.

Copyright © 1941 by IRMÃOS VITALE S/A IND. E COM. (100%)
Todos os direitos autorais reservados para todos os países. All Rights Reserved. International Copyright Secured.

História da Lapa

Wilson Baptista e Jorge de Castro

samba

Lapa dos capoeiras Miguelzinho, Camisa Preta Meia-Noite e Edgar Lapa, minha Lapa boêmia A lua só vai pra casa Depois do sol raiar Falta uma torre na igreja Vou lhe contar, meu irmão Foi na briga de Floriano Foi um tiro de canhão E nesse dia A Lapa vadia teve sua glória Deixou o nome na História

D.C.

História de Criança

samba e batucada

Wilson Baptista e Germano Augusto

Quan-do eu e-ra cri-an - ça, ai ai Na ho-ra de dor-mir
te, ai ai A his-tó-ria ter-mi-nou
Ma-mãe-zi-nha me con-ta - va As his-
Bran-co po-de ser ma-lan-dro O sam-
tó-rias de ma-lan - dros Que e-ram ti-pos as-sim: Chi-ne-
ba des-ceu o mor - ro E nin-guém mais es-cu-tou
- lo ca-ra de ga - to Bem bra-si-lei - ro, mu-la - to Tra-zen-
- do_u-ma gin-ga no pas - so Vi - o-lão de-bai-xo do bra - ço Gos-tan-
- do da Ro-si-nha_ou Ri-so-le - ta As-sim vi-vi-a o ma-lan-dro No tem-po do Ca-mi-sa Pre-
- ta, oi No tem-po do Ca-mi-sa Pre - ta Mas a-go-ra_é di-fe-ren-
"Ê tum - ba, mo-le-que, tum - ba Ê tum - ba do tum-ba-
dor" "Ê tum-ba, ê tum- dor Quan-do eu e-ra cri-an-

Copyright © 1940 by TODAMÉRICA EDIÇÕES LTDA (100%)
Todos os direitos autorais reservados para todos os países. *All Rights Reserved. International Copyright Secured.*

Inimigo do Batente

Wilson Baptista e Germano Augusto

samba-choro

Eu já não pos-so mais A mi-nha vi-da não é brin-ca-dei-ra, é
Es-tou me des-mi-lin-guin-do I-gual a sa-bão Na mão de la-va-dei-ra
Se_e-le fi-cas-se_em ca-sa Ou-vi-a_a vi-zi-nhan-ça to-da fa-lan-do Só por me ver lá no tan-
-que Les-co lesco, les-co lesco Me_a-ca-ban-do! Só por me ver lá no tan-
-que Les-co lesco, les-co lesco Me_a-ca-ban-do! Se_eu lhe_ar-ran-jo tra-ba-
E-le dá mui-ta sor-
-lho E-le vai de ma-nhã De tar-de pe-de_a con-ta Eu já_es-tou can-sa-
-te É um mo-re-no forte E-le_é mes-mo_um a-tle-ta Mas tem um gran-
-da de dar Mur-ro_em fa-ca de pon-ta E-le dis-se pra mim
-de de-feito E-le diz que_é po-e-ta E-le tem mui-ta bos-
Que_es-tá es-pe-ran-do ser pre-si-den-te Ti-rar pa-ten-te Do Sin-di-
-sa E com-pôs um sam-ba_e quer a-ba-far É de_a-mar-gar! Eu não pos-so
-ca-to dos I-ni-mi-gos do Ba-ten-te (Meu Deus!) Eu já não pos-so mais
mais Em no-me da for-ra vou des-gui-ar

Já sei

Wilson Baptista e Lauro Paiva

samba

Já sei que tu queres me falar Pra que tanto medo? Por que queres ocultar? Se existe um segredo Fale em particular Eu não fico satisfeito Podes bem desabafar

1. Já, já Já sei, já sei Já
2. Não, não, não, não, não

Não digas a ninguém Logo eu quero saber Se é pra

1. mal, se é pra bem
2. Não, não, não, não, não mal, se é pra bem

Já, já Já sei, já sei Já — Ao % e ⊕ — Sei, sei, sei, bem sei

Que são queixas de amor Poderei dar um conselho Aliviando a tua dor

1. Sei, sei, sei, bem sei viando a tua dor
2. Já, já Já sei, já sei Já — Ao % e ⊕

Lá vem Mangueira

Jorge de Castro, Haroldo Lobo e Wilson Baptista

samba

harm. alternativa: Bm7(b5)

Lá vem Mangueira Outra vez descendo o morro Com harmonia Lá vem Mangueira Sem Laurindo na frente Da bateria Perguntei: "Conceição, o que aconteceu?" "Laurindo foi pro front Este ano não desceu"

1. Lá vem Man-
2. dei perguntar Sem ele aqui Se a Escola de Samba podia sair Ele respondeu: "Pode ensaiar Porque o povo precisa sambar!" Lá vem

Ao 𝄋

Lá vem o Ipanema

Arlindo Marques, Roberto Roberti
e Marina Baptista

samba

Lá vem o Ipanema O bonde que nunca viaja vazio Lá vem, lá vem o Ipanema Trazendo as mais lindas cabrochas do Rio

1. Lá vem
2. Quando ele entra triunfal no Tabuleiro Meu coração vibra mais forte que um pandeiro É ele que resolve o meu problema Trazendo Isabel, trazendo Marina Trazendo Iracema Lá vem

Ao 𝄋

Largo da Lapa

Marino Pinto e Wilson Baptista

samba

Foi na La- - -pa que eu nasci___ Foi na La- -pa que eu a-pren-di a ler Foi na La- -pa que eu cres-ci ___ E na La- -pa eu que-ro mor-rer A La- -pa tam-bém tem a su-a i-gre-ja Pra que to-da gen-te ve-ja On-de eu fui ba-ti-za- - -do A La-pa, on-de já não há con-fli- -to Fi-ca no quin-to dis-tri-to A-on-de eu fui cri-a- -do Um sam- -ba Um sor-ri-so de mu-lher Ba-te-pa-po de ca-fé Eis a- -í a La- - -pa Um sam-ba, um sor-ri-so de mu-lher Ba-te- -pa-po de ca-fé Eis a-í a La-pa Foi na La-

Lavei as mãos

Wilson Baptista e Marino Pinto

samba

Ca - be - ça que não tem ju - í - zo Cor - po é que pa - ga E - la vol - tou
Ba - teu na por - ta do meu bar - ra - cão Cho - rou,
cho - rou, cho - rou Fiz i - gual a Pi - la - tos La -
vei mi - nha mão! (Não dou per - dão!) Ca - be —   Não sou pa - re -
- de Pra nin - guém pre - gar car - taz Mi - nha por - ta pra vo - cê
Não se a - bre nun - ca mais!
Vai, vai, Ma - da - le - na
Não a - di - an - ta cho - rar Eu te - nho pe -
- na Mas não pos - so per - do - ar (Vai tra - ba - lhar!) Ca - be —

Copyright © 1944 by IRMÃOS VITALE S/A IND. E COM. (100%)
Todos os direitos autorais reservados para todos os países. *All Rights Reserved. International Copyright Secured.*

Lealdade

Wilson Baptista e Jorge de Castro

samba

Serei leal contigo
Quando eu cansar dos teus beijos te digo
E tu também liberdade terás
Pra quando quiseres
Bater a porta sem olhar pra trás
Serei

Se o teu corpo cansar dos meus braços
Se o teu ouvido cansar da minha voz
Quando os teus olhos cansarem dos meus olhos
Não é preciso haver falsidade entre nós
Serei

Lenço no pescoço

Wilson Baptista

samba

Meu chapéu do lado
Tamanco arrastando
Lenço no pescoço
Navalha no bolso
Eu passo gingando
Provoco e desafio
Eu tenho orgulho
Em ser tão vadio

Meu chapéu do lado
Sei que eles falam
Deste meu proceder
Eu vejo quem trabalha
Andar no miserê
Eu sou vadio
Porque tive inclinação
Eu me lembro, era criança
Tirava samba-canção

Meu chapéu do la-

Louco
(Ela é seu mundo)

Wilson Baptista
e Henrique de Almeida

samba

Lou — co Pe-las ru-as e-le_an-da — — va
O coi-ta-do cho-ra — — va Trans-for-mou-se_a-té num va-
— ga-bun-do Lou — co
Pa — ra e-le_a vi-da não va-li_a na-da
Pa — ra e-le_a mu-lher a-ma-da
E — ra seu mun — do do Con-se-
— lhos eu lhe dei Pra e-le es-que-cer A-que-le fal-
— so_a-mor E-le se con-ven-ceu Que_e-la nun-ca me-re-ceu
Nem re-pa-rou Su — a gran-de dor (Que lou — co!)

D.C.

Copyright © 1946 by IRMÃOS VITALE S/A IND. E COM. (100%)
Todos os direitos autorais reservados para todos os países. *All Rights Reserved. International Copyright Secured.*

MÃE SOLTEIRA

Wilson Baptista e Jorge de Castro

samba

Ho- je não tem en- sai- o Na es- co- la- de- sam- ba O mor- ro_es- tá tris- te E_o pan- dei- ro ca- la- do Ma- ri- a da Pe- nha A por- ta- ban- dei- ra A- te- ou fo- go_às ves- tes Por cau- sa do na- mo- ra- do Ho- je não tem en- sai- do O seu de- ses- pe- ro Foi por cau- sa de_um véu Di- zem que es- sas ma- ri- as Não têm en- tra- da no céu Pa- re- ci- a_u- ma to- cha hu- ma- na Ro- lan- do pe- la ri- ban- cei- ra A po- bre_in- fe- liz Te- ve ver- go- nha de ser mãe sol- tei- ra Ho- je não tem en- sai-

Ao 𝄋

Homenagem de Wilson Baptista a seus pais

MARIPOSA

Wilson Baptista e João da Baiana

marcha-rancho

A ma-ri-po-sa tris-te, coi-ta-da Vei-o ao mun-do pra mor-rer quei-ma-da E so-fre mui-to por ver a bor-bo-le-ta Que vi-ve no jar-dim bei-jan-do o cra-vo e a vi-o-le-ta A ma-ri-le-ta A ma-ri-po-sa so-nhou que vi-via en-tre as flo-res No jar-dim E-ra mais lin-da que a ro-sa Na-mo-ra-va o lí-rio E bei-ja-va o jas-mim Quan-do a cor-dou não e-ra a-ma-da Vo-ou pra luz Mor-reu quei-ma-da Coi-ta-da! A ma-ri-

Ao 𝄋

Memórias de Torcedor

Geraldo Gomes e Wilson Baptista

samba

Eu on- tem vim da Gá- vea tão can- sa- da Com a ca- be- ça in- cha- da Pois o Fla- men- go tor- nou a per- der Con- fes- so que tris- te- za em mim é ma- to Pois lem- bro dos áu- reos tem- pos Do A- ma- do, Pe- na, Hél- cio e Mo- de- ra- to Eu on- cio e Mo- de- ra- to Fa- ço sa- cri- fí- cio Ve- nho lá do Re- a- len- go U- ma vez Fla- men- go Sem- pre Fla- men- go Te- nho um es- cu- do do ru- bro de ou- ro Não me des- fa- ço por na- da Bri- go na ar- qui- ban- ca- da Se al- guém me fa- la em mar- me- la- da Eu on-

Meu Drama

Wilson Baptista e Ataulpho Alves

samba

Ve-jam só o que eu fui ar-ran-jar Já não sou mais o dono da minha vi-da Ela é quem me faz so-lu-çar E sem e-la já sei Que não pos-so fi-car Vejam só Sem e-la minha vida se re-su-me Martí-rio, sofrimento e nada mais Sem e-la fico louco de ciú-me E com e-la eu não vivo em paz Vejam só

Meu mundo é hoje

Wilson Baptista e José Baptista

samba

Eu sou as-sim Quem qui-ser gos-tar de mim Eu sou as-sim Eu sou as-sim Quem qui-ser gos-tar de mim Eu sou as-sim Meu mun-do é ho-je Não e-xis-te_a-ma-nhã pra mim Eu sou as-sim As-sim mor-re-rei um di-a Não le-va-rei ar-re-pen-di-men-tos Nem o pe-so da hi-po-cri-si-a Eu sou as-sim Te-nho pe-na da-que-les Que se_a-ga-cham_a-té o chão En-ga-nan-do_a si mes-mos Por di-nhei-ro_ou po-si-ção Nun-ca to-mei par-te Nes-se_e-nor-me ba-ta-lhão Pois sei que_a-lém de flo-res Na-da mais vai no cai-xão Eu sou as-sim

MEUS VINTE ANOS

Wilson Baptista e Sylvio Caldas

samba

Nos o-lhos das mu-lhe - - res No_es-pe-lho do meu quar- -to É que_eu ve-jo_a mi-nha_i-da—— de O re-tra-to na sa - la Faz lem-brar com sau-da- - de A mi-nha mo-ci-da - - - - de A vi-da pa-ra mim Tem si-do tão ru - im Só de-sen-ga - - - nos Ai, eu da-ri-a tu - do Pa-ra po-der vol-tar Aos meus vin-te a - nos Nos o-lhos das mu-lhe– nos Dei-xas-te_em mi-nha vi - da A som-bra co-lo-ri-

-da De_u-ma sau-da-de_i-men-sa
Dei-xan-do-me fi-cas-te Mos-tran-do-me_o con-tras-
-te Ma-tan-do_a mi-nha cren-ça
E ho-je de-si-lu-di-do Mui-to te-nho so-fri-
-do Chei-o de de-sen-ga-nos
Ai, eu da-ri-a tu-do Pa-ra po-der vol-tar
Aos meus vin-te a-nos Nos o-lhos das mu-lhe-

Mocinho da Vila

Wilson Baptista

samba

Você que é mocinho da Vila Fala muito em violão
Barracão e outros fricotes mais Se
não quiser perder o nome Cuide do seu microfo-
-ne E deixe quem é malandro em paz Você
Injusto é seu comentá-
-rio Fala de malandro quem é o tá-
-rio Mas falando não se faz
Eu de lenço no pescoço Desacato e também tenho o meu cartaz
(Modéstia à parte, eu sou rapaz!) Você

Copyright © 1956 by WARNER CHAPPELL EDIÇÕES MUSICAIS LTDA (100%)
Todos os direitos autorais reservados para todos os países. *All Rights Reserved. International Copyright Secured.*

MULATO CALADO

Marina Baptista e Benjamim Baptista

samba

Você está vendo Aquele mulato calado Com um violão do lado? Já matou um Já matou um Numa noite de sexta-feira Defendendo a sua companheira A Polícia procura o matador Mas em Mangueira Não existe delator Me dou com ele É o Zé da Conceição O outro atirou primeiro Não houve traição Quando a lua sumiu Terminou a batucada Jazia um corpo no chão Mas ninguém sabe de nada Você está ven-

Mundo às Avessas

Haroldo Lobo e Wilson Baptista

marcha

Quem foi que disse que a mulher é a parte fraca
É, pois sim! Se você visse o marido da vizinha
Varre a casa, lava a roupa
Toma conta da cozinha
Quem foi que

A mulher dele arranjou
Um emprego de trocador
Sai às oito, chega em casa às dezessete
E ele é quem faz o arroz
E ele é quem faz o feijão
A mulher é quem comanda o pelotão
Quem foi que

Mundo de Zinco

Wilson Baptista e Antônio Nássara

samba

Aquele mundo de zinco que é Mangueira
Desperta com o apito do trem
Uma cabrocha, uma esteira
Um barracão de madeira
Qualquer malandro em Mangueira tem
Aque— Mangueira fica pertinho do céu
Mangueira vai assistir o meu fim
Mas deixo o nome na História
O samba foi minha glória
E sei que muita cabrocha
Vai chorar por mim
Aque—

Na Estrada da Vida

Wilson Baptista

samba

Todo homem carrega a sua cruz Na estrada da vida
Que é longa e sem luz Sou mais infeliz
que outro qualquer Tenho um contrapeso
É de uma mulher (O destino assim quer) Todo quer)
quer) Com desdém vives a me criticar Teu orgu-
-lho algum dia há de acabar Eu sei
que de mim tu não tens dó A culpa é mi-
-nha Eu podia viver só (Mas é que todo todo todo todo Todo quer)
quer) Deus é justo e eu não te rogo praga O que se faz aqui,

```
    B7                              Em
a-qui mes-mo se pa-ga         Ca-mi-

  C        C#o       G6/D      Em
-nho pe-la es-tra-da sem ter luz  Vou pa-gan-do os meus pe-ca-

  Am7        D7          G6
-dos  Car-re-gan-do a mi-nha cruz        To-do ho-  Ao 𝄋
```

NÃO É ECONOMIA
(ALÔ, PADEIRO)

Wilson Baptista e Oswaldo Lobo

samba

A - lô pa - dei - ro, bom di - a De_a - ma - nhã em di - an-
-te Eu vou sus - pen - der o pão Eu ex - pli-
-co_a ra - zão Não é e - co - no - mi - a É que_a - qui em ca-
-sa Eu a - go - ra_es - tou so - zi - nho A - que - la mo - re - na Já não me
faz com - pa - nhi - a, não A - lô pa - dei - a A - vi - sa_o qui - tan - dei-
-ro Que_eu bri - guei com_a Dul - ci - ne - ca Sem e - la, pra quê le-
gu - mes? Ne - ca, ne - ca Ven - di o rá-
-dio,_a nos - sa ca - ma_e o fo - gão E vou co - mer de co - lher
Nu - ma bo - a pen - são (Ne - ca de pão!) A - lô pa - dei-

Não Sei Dar Adeus

Wilson Baptista e Ataulpho Alves

samba

Eu não sei dar adeus à ninguém
Sem meu pranto cair
Eu não sei iludir o meu coração
Com sorriso em vão
Eu tentei me conter
Mas quando ela disse adeus eu chorei
Falo alto, até gritô: "eu chorei!"
Pois de fato eu acho até bonito
Chorar por seu bem-querer
Num verso de um poeta consagrado eu li muito bem
"Chorar por seu amor não envergonha ninguém"
Pois eu chorei porque muito amei

D.C.

Não sou Manoel

Roberto Martins e Wilson Baptista

marcha

O telefone tocou pro Manoel E o Manoel saiu armado E foi pra Niterói Mas na viagem ele refletiu Na consciência Nada me dói Não sou Manoel Não sou casado Eu sou Joaquim O que é que eu vou fazer em Niterói? Não sou Maród O telé- Mas Joaquim Que é a favor da economia Aproveitou esse boato Fez a barba E deu uma voltinha Pois lá em Niterói É tudo mais barato O tele-

N-A-O-TIL (NÃO)

Wilson Baptista e Marino Pinto

samba

"Não", palavra pequenina Fácil de pronunciar
Mas pra quem escuta é de amargar
Não, e ne a o til, não Essas três le-
-tras Destroem qualquer ilusão Cer-
-tas palavras deviam Sair do português É triste pra quem a-
-ma ou ouvir: "Nunca", "jamais", "talvez"!... Car-
-tas, já mandei mais de mil Até que veio a respos-
-ta: "e ne a o til" Não... não... não...

D.C.

Copyright © 1941 by IRMÃOS VITALE S/A IND. E COM. (100%)
Todos os direitos autorais reservados para todos os países. *All Rights Reserved. International Copyright Secured.*

Nasci Cansado

Wilson Baptista e Henrique Alves

marcha

Meu pai trabalhou tanto Que eu já nasci cansado
Meu pai trabalhou tanto Que eu já nasci cansado
Ai, patrão Sou um homem liquidado No meu barraco chove
Meu terno está furado Ai, patrão
Trabalhar não quero mais Eu não sou caranguejo
Que só sabe andar pra trás Meu pai trabalhou

Nega Luzia

Wilson Baptista e Jorge de Castro

samba

Lá vem a ne-ga Lu-zi-a No mei-o da ca-va-la-ri-a Lá vem a ne-ga Lu-zi-a No mei-o da ca-va-la-ri-a Vai cor-rer lis-ta lá na vi-zi-nhan-ça Pra pa-gar mais u-ma fi-an-ça Foi can-gi-bri-na de-mais Lá no xa-drez nin-guém vai dor-mir em paz Vou con-tar pra vo-cês O que a ne-ga fez E-ra de ma-dru-ga-da To-dos dor-mi-am O si-lên-cio foi que-bra-do Por um gri-to de so-cor-ro A ne-ga re-ce-beu o Ne-ro Que-ri-a bo-tar fo-go no mor-

1. ro A ne-ga re-ce-beu o Ne-ro

2. Lá vem a ne-ga Lu-zi-

NELSON CAVAQUINHO

Wilson Baptista

marcha-rancho

Quem é esse sambista de cabelos brancos
Que na madrugada esbanja melodias
Violão nos braços
Arranjando rimas
Que só vai pra casa quando vier o dia?
Boêmios noturnos aplaudem o artista
Eu também tomo parte nos salgadinhos
É mais uma cerveja
É mais um conhaque
Na mesa do Nelson Cavaquinho

Não podia esquecê-lo no meu álbum
Com sua simplicidade
E seu grande valor
Essa figura da noite
Que alegrou tantos bares do Rio
Aos que carregavam uma dor

Ao ídolo da torcida vascaína Lelé, os autores oferecem

No Boteco do José

Wilson Baptista e Augusto Garcez

marcha

Va - mos lá que hoje é de gra - ça No bo - te - co do Jo - sé En - tra ho - mem, entra me - ni - no En - tra ve - lho, entra mu - lher É só di - zer que é vasca - í - no Que é a - mi - go do Le - lé Va - mos lá que hoje é de gra -

1. lé

2. lé Sol - ta fo - gue - te A - té de ma - dru - ga - da Can - ta - se o fa - do Be - ben - do a cham - pa - nha - da Se - gun - da - fei - ra Só a - bre por in - sis - tên - cia Quan - do o Vas - co é cam - pe - ão Seu Jo - sé vai a fa - lên - cia Va - mos lá que hoje é de gra–

Ao %

Copyright © 1945 by IRMÃOS VITALE S/A IND. E COM. (100%)
Todos os direitos autorais reservados para todos os países. *All Rights Reserved. International Copyright Secured.*

O Bonde São Januário

Wilson Baptista e Ataulpho Alves

samba

Quem tra-ba-lha é que tem ra-zão Eu di-go e não tenho me-do de er-rar Quem tra-ba-lha é que tem

O bon-de São Ja-nu-á-rio Le-va mais um o-pe-rá-rio Sou eu que vou tra-ba-lhar

O bon-de São Ja-nu-á- An-ti-ga-men-te eu não ti-nha ju-í-zo Mas re-sol-vi ga-ran-tir meu fu-tu-ro Ve-ja vo-cê Sou fe-liz Vi-vo mui-to bem A bo-e-mi-a não dá ca-mi-sa a nin-guém É! Di-go bem! Mui-to bem! Quem tra-ba-lha é que tem

Ao %

Copyright © 1958 by TODAMÉRICA EDIÇÕES LTDA (100%)
Todos os direitos autorais reservados para todos os países. All Rights Reserved. International Copyright Secured.

O Doutor Quer Falar Com Você

Marina Baptista e Alberto Maia

samba

O dou-tor quer fa-lar com vo-cê "Eu não es-tou do-en-te Não que-ro fa-lar com o dou-tor" Não se ja as-sim en-gra-ça-do É o dou-tor de-le-ga-do E vo-cê não tra-ba-lha Vi-ve de mo-le-za Num a-par-ta-men-to Com a lou-ra que-ri-da O dou-tor quer fa-lar com vo-cê Pra sa-ber os de-ta-lhes Da su-a vi-da Pin-ta bra-ba Não sai do Fla-men-go Tem u-ma ba-ra-ta Pa-re-ce ba-ca-no Ca-be-lo al-to, pa-le-tó com-pri-do Cal-ça fu-nil i-gual a-me-ri-ca-no Co-mi-go não tem ar-re-go Co-mi-go não tem dis-pen-sa Pra vo-cê fi-car sa-ben-do É que o cri-me não com-pen-sa O dou-

O Pedreiro Waldemar

Wilson Baptista e Roberto Martins

marcha

Você conhece o pedreiro Waldemar? Não conhece? Mas eu vou lhe apresentar De madrugada toma o trem na Circular Faz tanta casa e não tem casa pra morar Você co-rar Leva a marmita embrulhada no jornal Se tem almoço Nem sempre tem jantar O Waldemar Que é mestre no ofício Constrói um edifício E depois não pode entrar Você co-

O Princípio do Fim

Wilson Baptista e Jorge de Castro

samba

Antigamente você não me tratava assim
Era mais ciumenta, gostava mais de mim
Ultimamente eu venho notando a transformação desse amor
Seus beijos ardentes já foram mais quentes
Perderam a doçura, perderam o sabor

Antigamente...

Há tempos você não chora
Não acho isso bom sinal
Não discute e nem briga comigo
Não é natural
Já não sente mais ciúmes de mim
Estou vendo o princípio do fim

Antigamente...

O Tambor do Edgar
(Venha Manso)

Marina Baptista e José Baptista

samba

Fu-ra-ram o tambor do Edgard E a Escola sem e-le não vai des-fi-lar O po-bre coi-ta-do cho-rou Cho-rou e quer bri-gar Ê ê Ê ê de-va-gar Venha man-so, Edgard! Ê ê Todo mundo sus-pei-ta Que foi a Leonor que furou Com ciúme das cabrochas Que admiram o Edgard Que é can-can no tambor Fura-

O TEU RISO TEM

Roberto Martins e Wilson Baptista

batucada

| D6 | 𝄋 D6 | D6 | B7/D# | E7 |

O teu ri-so tem Tem, tem, tem Tem qual-quer coi-

| A7 | | | **1.** D6 |

-sa Que me do-mi-na, meu bem O teu ri-so tem

| **2.** D6 *Fim* | | D6 | |

Tu a bo-ca é al-vo-ra-da Nun-ca vi sor-ri-so as-sim
Há quem di-ga que o sor-ri-so É pre-nún-cio de sau-da-
Meu vi-ver foi trans-for-ma-do Des-de o di-a em que te vi

| Em7 | | A7 | |

-de Sem teu ri-so não sou na-da Dá um sor-ri-so pra mim
Mas o teu tra-z o a-vi-so Da mi-nha fe-li-ci-da-
Por teu ri-so a-ben-ço-a-do Que nun-ca mais es-que-ci

| D6 |

-de O teu ri-so tem

Ao 𝄋
3 vezes e Fim

Oh, Dona Ignez

Wilson Baptista e Marino Pinto

samba

Eu já mandei bilhete Eu já mandei recado_A-té meu samba serviu-me de advogado Sempre_a mesma resposta Que_a-té já sei de cor Ele mandou me dizer: "Oh, Dona_Ig-nez! Viver sozinho_é melhor" Quatro meses já passaram E_eu não vejo_o meu João A_empregada foi embora Arranjou outro patrão Meu sapato já furou Meu vestido_en-velheceu Ele não sabe_a-té hoje_o amor que perdeu Eu já

Oh, Seu Oscar

Wilson Baptista e Ataulpho Alves

samba

Cheguei cansado do trabaaaalho
Logo a vizinha me falou:
"Oh, Seu Oscar! Tá fazendo meia hora
Que sua mulher foi-se embora
E um bilhete deixou
O bilhete assim dizia:
"Não posso mais
Eu quero é viver na orgia"

"Não posso mais
Fiz tudo para ver seu bem estar
Até no Cais do Porto eu fui parar
Martirizando o meu corpo noite e dia
Mas tudo em vão
Ela é da orgia
(É parei!)

Cheguei cansado do traba-

Papai, não vai

Wilson Baptista e Ataulpho Alves

samba

harm. alternativa: G6 D7(#5) G6 Cm6 G6

Ba-teu a por-ta E ju-rou não vol-tar mais Dei-xan-do to-do o fu-tu-ro pra trás Eu fi-quei so-lu-çan-do Mais um lar se des-faz E u-ma cri-an-ça gri-tan-do: "Pa-pai, pa-pai, não vai!" Ba-teu a por-

De ma-dru-ga-da E-le vei-o me a-cor-dar "Oh, do-ce a-ma-da Eu não pu-de su-por-tar Fi-cou gra-va-do no meu sub-cons-ci-en-te "Pa-pai, não vai!" Que eu ou-vi des-e i-no-cen-te" Ba-teu a por-

Copyright © 1940 by TODAMÉRICA EDIÇÕES LTDA (100%)
Todos os direitos autorais reservados para todos os países. *All Rights Reserved. International Copyright Secured.*

Pertinho do Céu

J. Baptista e Roberto Martins

samba

Eu mo-ro no mor - ro Que não tem ba-tu-ca—da Não tem bar-ra-cão Mas tem ru-a bem cal-ça—da O cli-ma é bom E o lu-gar é u-ma be-le—za Eu mo-ro no mor - ro De San-ta Te-re—sa Eu mo-ro no mor-sa Não tem pan-dei- ro Nem ca-mi-sa de ma-lan-dro Não tem ca-bro-cha fa-cei-ra De ta-man-co na la-dei-ra Mas tem mo-re-nas e lou-ras Que são o nos-so tro-féu Quem mo-ra em San-ta Te-re-sa Es-tá per-ti-nho do céu (Mas eu mo-ro no mor - ro...) Eu mo-ro no mor-

Preconceito

Wilson Baptista e Marino Pinto

samba

Eu nasci num clima quente Você diz a toda gen-
-te Que eu sou moreno demais Não maltra-
-te o seu pretinho Que lhe faz tanto cari-
-nho E no fundo é um bom rapaz (É demais!) Eu nasci

Você vem de um palacete Eu nasci num barracão
Sapo namorando a lua Numa noite de verão
Eu vou fazer serenata Eu vou cantar minha dor...
Meu samba, vai, diz a ela Que coração não tem cor...

Eu nasci

Ao 𝄋

Que Malandro Você É

Wilson Baptista e Erasmo Silva

samba

Tome o seu chapéu
Pode ir embora
Vai pra casa da Helena
Vai pros braços da Aurora
São todas chiques, são todas belas
Mas o meu dinheiro você não pode
Gastar com elas

1. Tome o seu chapéu

2. Eu pago o alfaiate
Cigarro, bebida e pensão
Todo dia uma nota aí mesmo
No bolso de seu jaquetão
Você gastando com elas
Que malandro você é
Mas aqui da mamãezinha
Nem mais um níquel pro café

Tome o seu chapéu

Recado que a Maria mandou

Haroldo Lobo e Wilson Baptista

samba

Tenho um recado pra você / Que a Maria mandou / Mandou? Mandou! Não digo aqui porque é particular / A pobrezinha estava aflita / Quase se jogou no mar / Eu vi que não, não era fita / Consegui tudo evitar / A Maria contou pra mim / Que quase mudou de cor / Quando viu você / Na saída do baile com a Leonor / A Maria mandou dizer / Que ainda é sua / Mora no mesmo bairro / Na mesma casa / Na mesma rua / Tenho um re-

Rosalina

Haroldo Lobo e Wilson Baptista

samba

Sou eu Sou eu que vou batendo surdo De por- -ta-es-tan - dar - te É Ro - sa - li - na quem vai Mas já vou pre - ve - nir Se eu não sa - ir

1. Ro - sa - li - na tam - bém não sai (Sou eu!) Sou

2. não sai Fi - ze - ram um ve - ne - no de mim lá na es - co- -la Que eu já não dou mais no cou - ro Que an - do ba - ten - do sur - do mal Mas Ro - sa - li - na Que é mi - nha do pei - to Diz que é fal - ta de res - pei - to Que vai pro - tes - tar no jor - nal

(Sou eu ou não sou?) Sou Ao 𝄋

Rei Chicão

Wilson Baptista

samba

| Dm | Dm/C | Bb7(13) A7(b13) | Dm | Dm/C | Bb7(13) A7(b13) |

Ma-lan-dro su-bi-a o mor-ro Que-ren-do_ar-ran-jar con-fu-são Des-

| D7(9) | G7(13) | C7(9) Eb7(9) | Em7 | Eb7M | Dm7 Am7 | Dm | Dm/C |

ci-a em dis-pa-ra-da Na fren-te das ba-las do Rei Chi-cão Ca-bro-cha de vi-da fá-

| Bb7(13) A7(b13) | Dm | Dm/C | Bb7(13) A7(b13) | D7(9) | G7(13) | C7(9) Eb7(9) |

-cil Pra dar fes-ta no seu bar-ra-cão Ti-nha que fa-lar pri-mei-ro Fa-lar pri-mei-

| Em7 | Eb7M | Dm7 Ab7(#11) | Gm7 | C7(9) | F6 | D7/F# Gm7 | C7(9) |

-ro com o Rei Chi-cão A-té a lu-a quan-do_a-pa-re-ci-a Jo-gan-do_o seu cla-rão

| F6 | E7(9) | A7(13) | E7(9) | A7(13) A7(b13) |

Ti-nha que che-gar pri-mei-ro No bar-ra-co do Rei Chi-cão O

| 𝄋 Dm7 | Ab7(13) G7(13) | Bb7(13) A7(b13) | Dm7 | Ab7(13) G7(13) | Bb7(13) A7(b13) |

Rei ti-nha mui-tos a-mo-res Não da-va seu co-ra-ção O no-me

| Dm7 | Ab7(13) | G7(13) | Bb7(13) | Em7(b5) | A7(b13) | Dm |

de-las to-dos gra-va-dos Na ma-dei-ra do seu vi-o-lão

| Am7 | D7 | Gm7 | C7(9) | F6 | Bb7M |

Ho-je quem so-be o mor-ro Vê a-que-le ve-lho ca-í-do no chão Não co-nhe-ce su-a_his-tó-

| Em7(b5) | A7(b13) | Am7 Ab7(#11) | Am7 | D7 | Gm7 |

-ria E-le foi o Rei Chi-cão Foi há mais de trin-ta a-nos A-ju-dou a ven-

C7(9) F6 Bb7M Em7(b5) A7(b13)
cer a Re-vo-lu-ção As au-to-ri-da - des lhe_en-tre-ga-ram_o mor - ro E-le_en-tão co-ro-ou - se Rei Chi-cão
Dm7 Am7 Dm Dm/C Bb7(13) A7(b13) Dm Dm/C Bb7(13) A7(b13)
A Po - lí - cia su-bi - a o mor - ro Pra pren-der um la-drão
D7(9) G7(13) C7(9) Eb7(9) Em7 Eb7M Dm7 Am7
Ti - nha que fa - lar pri-mei - ro Fa-lar pri-mei - ro com o Rei Chi-cão Bi-
Dm Dm/C Bb7(13) A7(b13) Dm Dm/C Bb7(13) A7(b13)
chei - ro do mun - do de zin - co Res - pei - ta - va a lei do cão O
D7(9) G7(13) C7(9) Eb7(9) Em7 Eb7M Dm7 Ab7(#11)
Rei jo - ga - va na co - bra E re - ce - bi - a no le - ão A-
Gm7 C7(9) F6 D7/F# Gm7 C7(9) F6
té o Dou - tor De - pu - ta - do Na de - ma - go - gi - a da en - ga - na - ção
E7(9) A7(13) E7(9) A7(13) A7(b13)
Ti-nha que fa-lar pri-mei - ro Pa-gar pe - dá-gio pro Rei Chi-cão O
Ao 𝄋 e 𝄌
𝄌 Dm7 Ab7 G7(13) Bb7(13) A7(b13) Dm7 Ab7 G7(13) Bb7(13) A7(b13)
O Rei Chi-cão O Rei Chi-cão
Dm7 Bb7(13) A7(b13) Dm F7(13) Em7(b5) A7(b13) Dm Dm/C
O Rei Chi-cão O Rei Chi-cão
E7/B Bbm6 Dm Dm/C E7/B Bbm6 Dm7
O Rei Chi-cão O Rei Chi-cão

SABOTAGEM NO MORRO

Haroldo Lobo e Wilson Baptista

samba

Eu qua-se que cho-rei Quan-do al-guém me fa-lou: "O Salgueiro não sai" É sa-bo-ta-gem Não es-tá le-gal
As ca-bro-chas gas-ta-ram di-nhei-ro O meu sam-ba es-tá pron-to Pro en-
sai - o ge-ral (Ih – ih!) Eu qua-se que cho-rei Quan-do al-guém me fa-lou:
"O Sal-guei-ro não sai" En-con-trei tam-bo-rins e cu-
í-cas Em pe-da-ços jo-ga-dos no chão E o es-tan-dar-te da es-co-la ras-ga-
do Na por-ta do meu bar-ra-cão Eu sa-í pe-lo mor-ro cor-ren-
do Com o li-vro de ou-ro na mão Se-te pe-les de ga-to re-sol-
vem a si-tu-a-ção (Pra fa-zer os tam-bo-rins) Eu qua-se que cho-rei

Ao %

Copyright © 1944 by IRMÃOS VITALE S/A IND. E COM. (100%)
Todos os direitos autorais reservados para todos os países. *All Rights Reserved. International Copyright Secured.*

Samba do Méier

Wilson Baptista e Dunga

samba

Você sabe, eu sou do Méier
Não preciso da cidade pra viver
Pois o Méier tá com tudo, pode crer
Se você não acredita, por favor, vá ver
Você sabe, eu sou do Méi-

O Méier tem um jardim pra gente amar
É lá que eu vou construir meu lar
O Méier sempre foi o maioral
É a capital dos subúrbios da Central

Você sabe, eu sou do Méi-

SAMBA RUBRO NEGRO

Wilson Baptista e Jorge de Castro

samba

Fla-men-go jo-ga a-ma-nhã Eu vou pra lá Vai ha-ver mais um bai-le No Ma-ra-ca-nã O mais que-ri-do Tem Ru-bens, De-qui-nha e Pa-vão Eu já re-zei pra São Jor-ge Pro Men-go ser cam-pe-ão O mais que-ri-

1. Men-go ser cam-pe-ão Po-de cho-ver Po-de o sol me quei-mar Eu vou pra ver A Cha-ran-ga do Jai-me to-car Fla-men-go, Fla-men-go! Tu a gló-ria é lu-tar Quan-do o Men-go per-de Eu não que-ro al-mo-çar Eu não que-ro jan-tar

Ao 𝄋 Fla-men-

Sambei 24 Horas

Haroldo Lobo e Wilson Baptista

samba

Sam - bei vin - te e qua - tro ho - ras, sam - bei Sam - bei tan - to que a san - dá - lia fu - rou E - le me viu de ma - dru - ga - da Pu - lan - do na cal - ça - da Quan - do che - guei não quis A - brir a por - ta do cha - tô Sam - bei Ai, ai, ai, a - mor Não dei - xe su - a pre - ti - nha no se - re - no Que e - la vai se res - fri - ar Ai, pre - ti - nho Eu ve - nho de Ma - du - rei - ra Tô can - sa - da, que - ro des - can - sar Sam - bei

Copyright © 1944 by IRMÃOS VITALE S/A IND. E COM. (100%)
Todos os direitos autorais reservados para todos os países. *All Rights Reserved. International Copyright Secured.*

Se Não Fosse Eu

Haroldo Lobo e Wilson Baptista

samba

Eu sou o samba Natural lá do Salgueiro Se não fosse eu
O Rio de Janeiro não cantava Se não fosse eu
O povo brasileiro não sambava Se não fosse eu
Vivia tudo triste o ano inteiro Eu sou o samba Natural lá do Salgueiro Se não fosse eu

1. ro Posso provar A minha idoneidade Eu tenho até Carteira de identidade Usei navalha Salto alto Elenço no pescoço Mas hoje Hoje sou bom moço (Eu sou o sam-

SEREIA DE COPACABANA

Wilson Baptista e Antônio Nássara

marcha

O meu co-ra-ção não me_en-ga-na Eu que-ro_u-ma se-rei-a de Co-pa-ca-ba-na O ba-na A fran-ce- - -sa Me cha-mou de *mon ché-ri* Eu sen-ti um fre-ne-si A-trás de_u-ma es-pa-nho- -la Eu qua-se fui a Ma-dri U-ma ca-cho-pa_em Lis-bo-a Me can-tou "A Ma-dra-go- -a" Ai, qua-se mor-ri! O

Ao 𝄋

Copyright © 1949 by RIO MUSICAL LTDA (FERMATA DO BRASIL) (100%)
Todos os direitos autorais reservados para todos os países. All Rights Reserved. International Copyright Secured.

SISTEMA NERVOSO

Wilson Baptista, Arlindo Marques Júnior
e Roberto Roberti

samba-canção

Deu uma hora / Deu duas horas / O silêncio em meu quarto / É pavoroso / Na escuridão / Eu escuto os seus passos / No meu delírio / Ela volta a meus braços / Ela abalou / Meu sistema nervoso

Ela toda noite aparece / Me beija e foge / Através da vidraça / No meu delírio me levanto e abro a janela / E só o vento / O vento frio é que me abraça / Deu uma... / Ela abalou / Meu sistema nervoso

TABERNA

Wilson Baptista e Cícero Nunes

samba-canção

Você me condena Por eu viver assim Mas tenho o direito De escolher meu fim Gosto mais da lua Do que do sol Gosto mais da noite Do que do dia Há dentro de mim Uma dor eterna Sou boêmio Passo as noites na Taberna Você me condena Por eu viver assim A noite é a companheira dos aflitos À noite os sonhos são sempre mais bonitos O egoísmo em seus olhos a gente vê Você tem ciúmes da noite Porque a noite é mulher Igual a você Você me condena Por eu viver assim

TRANSPLANTE DE CORAÇÃO

Wilson Baptista

samba

Por favor, doutor Por favor, doutor Trans-plan--te o coração do Chicão

O que não falta é voluntário

Pra fazer a doação Ai, doutor! O senhor não sa--be quanto o morro De-ve a esse bamba Foi e--le quem fincou nosso primeiro barraco Foi e--le o fundador da escola de samba

Chicão foi no samba o co--bra

Andou por Vila Isabel
Com seu violão no braço
Enfrentou até Noel
Ai, doutor!
Diga quando irá acontecer
Porque o sambista quando é grande demais
Não deve desaparecer
(Porque! Porque)

Você é o meu xodó

Wilson Baptista e Ataulpho Alves

samba

[G6] Se não é ver-da-de_o que_eu vou con-fes-sar **[E7(9)]** Eu pe- **[Am7]**

[Am7] -ço_a Deus pra me cas-ti-gar **[D7]** **[G6]** Eu não que-

[G/F] -ro ga-nhar o pão pra co-mer **[C6/E]** Se_eu não pas-so noi-te_e di- **[Cm6/Eb]**

[G/D] -a Com_o pen-sa-men-to_em vo-cê **[Em7]** **[Am7]** **[D7]** **[1. G6]** Eu não que-

[2. G6] Eu já dis-se o que sin-to Vo-cê é o meu xo-dó **[D7/A]** **[D7/F#]**

[G6] Vo-cê sa-be que_eu não min-to **[B7]** Te-nha pe-na, te-nha dó

[E7] Não sei por que **[E/D]** Vo-cê vi-ve re-cla-man-do que eu sou ru-im **[Am/C]** **[C#°]**

[G6/D] A-in-da_a-ca-bo me a-bor-re-cen-do **[E7]** **[A7]** Pra não du-vi-dar de mim **[D7/F#]**

[G6] (Mas vo-cê não e-ra_as-sim) **[D7]** Se não é Ao 𝄋

VOLTA PRA CASA, EMÍLIA

Wilson Baptista e Haroldo Lobo

samba

Ai, ai! Quando eu vi to um terno amarrotado, meu Deus! Tenho que me lembrar Da Emília, que era tão cuidadosa Mulher como Emília, Emília É difícil encontrar Que café saboroso que ela fazia Na hora de deitar (Ai, ai!) Ai, ai!

De manhã muito cedinho Emília me acordava: "Acorda, acorda, benzinho" Eu logo me levantava Hoje não tenho família Não tenho lar, nem amor Volta pra casa, Emília Senão eu morro de dor! Ai, ai!

Crédito das imagens
Capa e página 6: Wilson Baptista / Arquivo O Cruzeiro / EM / D.A. Press
Página 11: Dupla Verde e Amarelo / Coleção Tinhorão / Instituto Moreira Salles

Todos os esforços foram feitos para creditar os detentores dos direitos das demais imagens reproduzidas nesse livro. Eventuais omissões de crédito não são intencionais e serão prontamente retificadas nas edições subsequentes.